uğurböce[illegible]
yayınları

TARIK USLU (ozkanoze@gmail.com): Gerçek ismi ÖZKAN ÖZE olan yazar, 1974 yılında Sakarya'da doğdu. İlkgençlik çağlarının sonuna doğru Zafer Dergisi'nin yazı işlerinde çalışmaya başladı ve resmi eğitim hayatına liseden sonra devam etmedi. Bir süre derginin yazı işleri müdürlüğünü yaptı. Daha sonra, Uğurböceği ve Zafer Yayınları'nın editörlüğünü sürdürdü. Hem kendi ismiyle, hem de çocuklar için yazdığı popüler bilim kitaplarında kullandığı Tarık Uslu ismi ile pek çok kitabı yayınlandı. Türkiye'de yüzbinlerce çocuk okura ulaşan Merak Ediyorum Dizisi, İngilizce, Almanca, Fransızca, Hollandaca, Endonezca ve Kürtçe'ye tercüme edildi. Yazı çalışmaları aralıksız devam eden yazar, evlidir ve iki çocuğu vardır.
https://www.facebook.com/yazarozkanoze

Şu Acayip Atom / Tarık Uslu
Yayınevi sertifika no: 14452
Yayın no: 123

Genel yayın yönetmeni: Ergün Ür
Yayınevi editörü: Ömer Faruk Paksu
İç düzen / kapak: Zafer Yayınları
Tashih: Ayhan Halaç
Isbn: 978 605 5523 37 4
41. baskı: Mart, 2017

Uğurböceği Yayınları, Zafer Yayın Grubu'nun bir kuruluşudur.
Talatpaşa Mah. Terasevler Sitesi No:1-A Kağıthane /İstanbul
Tel: (0 212) 446 21 00 Faks: (0 212) 446 01 39
www.zafer.com / zafer@zafer.com / twitter.com/zaferyayinlari - facebook.com/zaferyayinlari

Baskı ve cilt: Çınar Matbaacılık Yayıncılık San. Tic. Ltd. Şti.
Yüzyıl Mh. Matbaacılar Cd. Ata Han No:34 Kat:5 Bağcılar/İSTANBUL
Tel: 0212 628 96 00 / Matbaa Sertifika no: 12683

ŞU ACAYİP ATOM

Atomun, Hayat Bilgisi ve Fen Bilgisi kitaplarında yazmayan, çok acayip gerçekleri

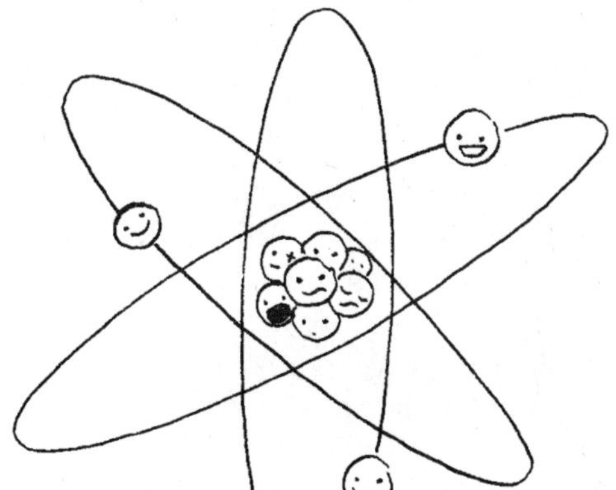

Tarık Uslu

Resimleyen: Sevgi İçigen

içindekiler

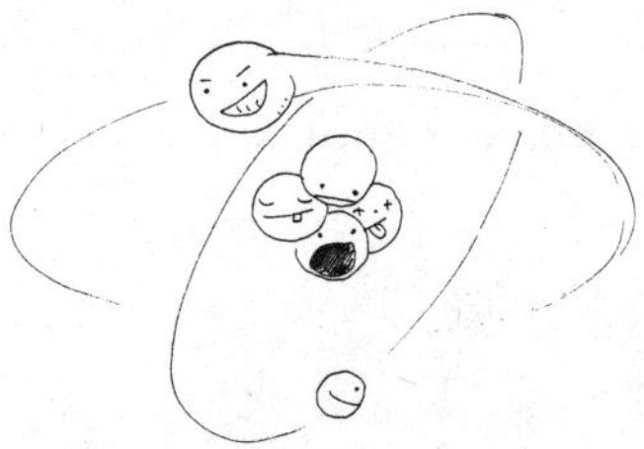

sunuş

Merhaba Acayip Şeyler'in meraklı takipçileri!

Bu kitaptaki konumuz atomlar! Kitaba başlamadan önce, "Atom dediğin küçücük bir şey, koca kitabı dolduracak kadar 'acayip şey' bulabilecek miyim acaba?" diye sordum kendi kendime...

Fakat şimdi, 160 sayfalık sınırı aştığım halde, daha yazmayı düşündüğüm onlarca başlığın masamın üzerindeki küçük not kâğıtlarında mahzun mahzun bana baktığını görmekteyim...

Mesela, atomda saklı nükleer güçten bahsettiğim halde; bu gücün insanoğlunun kullandığı en büyük enerji kaynağı olduğundan bahsedemedim... Bir nükleer santralin nasıl çalıştığına dair hiçbir şey anlatamadım sizlere...

Işığın ve renklerin olağanüstü dünyasına ise hiç giremedim.

Ancak, atomlar hakkında bilgi toplarken, ışık hakkında öyle acayip şeyler öğrendim ki, önümüzdeki aylarda, Acayip Şeyler'in bir kitabı da "Şu Acayip Işık" olacak anlaşılan...

Ben bu kitabı yazarken, sürekli İsviçre'deki CERN Deneyi ile ilgili yeni gelişmeleri takip ediyordum... Daha birkaç gün önce bilim adamları, atomu oluşturan yepyeni bir parçacık keşfettiğini okudum haberlerde... CERN Deneyi'nden, Büyük Hadron Çarpıştırıcısı'ndan, Higgs Bozonu'ndan da bahsetmek isterdim, ama olmadı...

Buna rağmen, elinizdeki kitapta atomlar alemine dair çok çok ilginç bilgiler bulacaksınız. Elimden geldiği kadar bu anlaşılması zor konuyu eğlenceli bir hâle getirmeye çalıştım.

Umarım, dizimizin öteki kitapları gibi *Şu Acayip Atom* kitabını da, keyifle okur, çok şey öğrenirsiniz...

Ve umarım bundan otuz ya da kırk yıl sonra, Van'da, Erzurum'da, Afyonkarahisar'da ya da

Bursa'da doğmuş; adı da Ahmet, Zeynep, Hüseyin, Emirhan ya da Hümeyra olan bir Atom Fiziği profesörünün, Nobel Fizik Ödülü'nü almak için çıktığı kürsüde, konuşmasına şu şekilde başladığını duyabilirim: *"Ben çocukken babam bana Şu Acayip Atom adlı bir kitap almıştı. Gerçekten çok acayip bir kitaptı... "*

Teşekkür: Bu kitabı, zaman ayırıp gözden geçiren ve birbirinden faydalı fikirlerini bizimle paylaşan değerli öğretmenimiz **Sevgi Kirişçioğlu**'na katkılarından dolayı çok çok teşekkür ederiz...

Şu Acayip Hücre ismini taşıyacak bir sonraki kitapta görüşmek ümidi ile, hoşçakalın...

— Tarık USLU

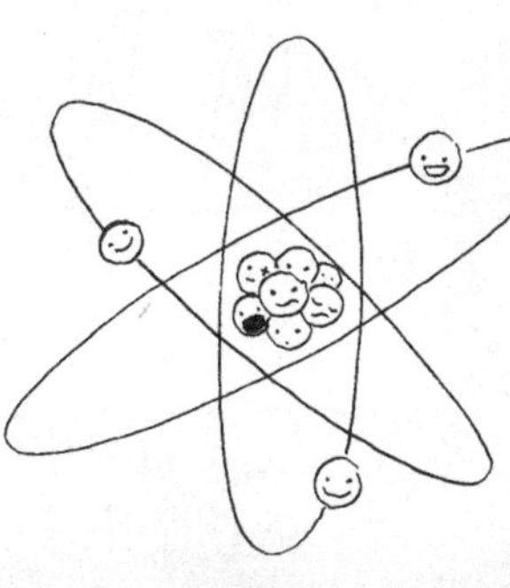

Atom Çağı Nasıl Başladı?

DEMOKRİTUS, otel odasının penceresinden süzülüp gelen pırıltılı güneş ışıklarının, etkisiyle gözlerini açıp, yatağından doğrulduğunda ilk olarak:

"Büyük bir keşif yapmak için ne güzel bir gün!" dedi. "Ama önce plaja inmeli, sahilde yürüyüşe çıkmalıyım. Belki de, babamın kumdan bir heykelini yaparım; çok özledim adamı!"

Abderalı Demokritus gezmekten tozmaktan acayip keyif alan bir filozoftu. Bu uğurda aileden kalan bütün serveti yemiş bitirmişti...

Ayaklarında parmak arası terlikleri, sırtında havlusu ile, kaldığı otelin lobisinden plaja inmek üzere ayrıldı.

Kıyı boyunca uzayan plaj, pırıltılı Akdeniz güneşinin altında ışıl ışıl yanmakta; bu da Demokritus'un gözlerini kamaştırmaktaydı.

"Buradan bakıldığında kumsal tek bir şeymiş gibi gözüküyor" dedi. "Aslında minnacık minnacık sayısız kum tanesinden oluşuyor..!"

O an, Demokritus'un kafasında, o güne kadar kimsenin kafasında çakmayan bir şimşek çaktı.

"Tıpkı bu kumsal gibi etrafımızda gördüğümüz her şey, küçücük taneciklerden oluşuyor olmasın sakın!"

Tabi ya! Başka nasıl olacak? Kesin öyledir! Taşlar, ağaçlar, bitkiler, hayvanlar ve insanlar.. Akla gelebilecek her şey gözle görülemeyecek kadar minicik taneciklerden, kumsalı oluşturan kum tanecikleri gibi taneciklerden oluşmaktadır!

Bu tanecikler o kadar küçüktür ki, çıplak gözle görülmezler. Onlardan daha küçük bir şey olamayacağı için parçalanıp bölünmezler de...

Bu yüzden onlara 'Bölünemez' anlamına gelen ATOMUS ismini veriyorum!"

İşte bu gerçekten de küçük(!) bir buluştu.

"Aman Allah'ım!" diye bağırdı Demokritus. "Hemen otele dönmeliyim! Açık büfe kahvaltı saati geçmek üzere!"

Nefes nefese otelin restoranına gelen filozof, kahvaltının çoktan bittiğini, yaşlı bir Spartalı askerin ise, yerleri süpürüp, masaları topladığını gördü.

Demokritus:

– Ama ben daha hiçbir şey yemedim ki! diye sızlandı.

Spartalı:

– Sakın geç kaldığın için olmasın! diye cevap verdi.

Demokritus ellerini beline koydu ve başını öfkeli bir hindi gibi Spartalıya doğru uzatarak:

– Sakın çok büyük bir buluş yaptığım için geç kalmış olmayayım...!? dedi.

– Öyle mi? Ne buldun peki? Umarım dünyanın başına bela olacak bir şey değildir!

– Az önce atomu buldum ben!

– İçecek bir şey değil miydi o?

– Sen Trakyalı mısın?

– Yoo... Spartalıyım. Neymiş peki bu atom?

– Bak sana şöyle basitçe anlatayım. Şu etrafımızda gördüğümüz her şey ama her şey minicik, yuvarlak, misket gibi atomlardan oluşuyor. Tıpkı plajın, kum tanelerinden oluşması gibi..

– Eeee! N'olmuş yani!

– Seni ihtiyar sersem! Hâlâ farkedemediysen söyleyeyim; az önce Atom Çağı'nı başlattım ben!

– Ne? Yalama Taş Devri bitti mi yani?

– Ne sandın? Hadi şimdi bana biraz kızarmış ekmek, bal, tereyağı, ılık süt ve bol kekikli siyah zeytin getir bakalım...

– Baksana sen! Her şeyin atomlardan oluştuğunu söylüyordun değil mi?

– Kıyak buluş ama! Hadi itiraf et..

– Kızarmış ekmek ve şu süpürgemin sapı aynı atomlardan mı oluşuyor şimdi?

– Kesinlikle!

– Öyleyse, al bu sapı ve kemirmeye başla! Kızarmış ekmeği falan da unut! İnsan, Mora Yarımadası'nın en meşhur gülle atma takımı ile aynı otelde kalır da, kahvaltıya gecikir mi? Ne varsa silip süpürdü adamlar... Akşam yemeğine kadar su bile yok mutfakta! Haydi bas git! Biraz daha düşün; belki nükleer enerjiyi de bulur getirirsin...

Demokritus açlıktan guruldayan midesine kocaman bir yutkunma gönderdikten sonra:

"Keşke!" dedi. "Atomus yerine *öğle yemeği* diye bir şey bulsaydım.. En azından akşama kadar aç kalmazdım..."

Aristoteles, Olaya El Koyuyor!

Demokritus, günümüzden neredeyse 2500 yıl kadar önce, uzaktan tek bir parçaymış gibi görünen kumsalın, aslında minicik kum tanelerinden oluştuğunu farketti ve buda adamı filozof yapmaya yetti...

Kısa bir süre içinde, maddenin en küçük yapı taşı olarak bölünmez parçalanmaz ATOMUS fikri etrafa yayıldı ve konuşulup tartışılmaya başlandı.

– Her şey atomlardan oluşuyormuş.

– Ne diyosun?!

– Çok küçük oldukları için göremiyormuşuz.

– Ne kadar küçük?

– Aha şu kadar, bak!

– Hakkaten göremedim, gerçekten...

Fakat o devirde Demokritus'un değil başka bir filozofun borusu ötmekteydi: Büyük Aristotales'in.

Ve Aristo'nun madde hakkındaki görüşleri Demokritus'tan çok daha farklıydı.

Ona göre madde sonsuza kadar bölünebilirdi.

Yani bir elmayı ortadan ikiye böldükten sonra, elinizdeki yarım parçayı tekrar ortadan ikiye bölebiliyorsanız, o yarımın yarısını da tekrar bölebiliyorsanız; yarımın yarısının yarısını da bölebilirdiniz.

Bu kadarına kimsenin itirazı yoktu ama Aristo, bu kadarıyla yetinecek adam değildi.

Yarımın yarısının yarısının yarısının yarısının yarısının yarısının yarısının yarısının yarısının yarısının yarısının yarısının da bölünebileceğini söyledi. Sonra da "Ve bu böyle sonsuza kadar sürüp gidebilir.." dedi.

O yüzden Aristo'ya göre maddeleri oluşturan misket gibi, kum tanesi gibi bölünmez parçalanmaz bir atomdan bahsetmek, saçmalamaktan başka bir şey değildi...

Üstelik, Demokritus'tan da zerre kadar hoşlanmazdı... Fakat çok da haksız değildi! Atom "bölünmez, parçalanmaz" anlamına geliyor; oysa bugün çocuklar bile atomun bölünebilir olduğunu biliyor!

Bana sorarsanız Aristo atomun da bölünüp parçalanabileceğini ve daha küçük parçacıklardan meydana geliyor olduğunu söylerken haklıydı elbette; fakat bu işin sonsuza kadar sürüp gideceğini söylerken biraz abartıyordu...

Aristo'nun, aklının almadığı meseleleri böyle sonsuza kadar uzatarak "gerçekten akıl almaz" hale getirmek gibi bir alışkanlığı mı vardı yoksa!?

John Dalton Adında Bir Öğretmen

Neredeyse 2000 sene kimse Demokritus'un atom fikrinden bahsetmedi.

1803 yılında John Dalton adında bir öğretmen kafayı maddenin yapısına fena halde takmıştı. John Dalton da tıpkı Demokritus gibi maddelerin bölünmez parçalanmaz zerrelerden; yani atomlardan oluştuğuna inanıyordu.

Dalton'a göre atomların, bilardo toplarına benzeyen bir şekli vardı. Atomlar sertti, bölünmezdi asla kesilip parçalan(a)mazdı.

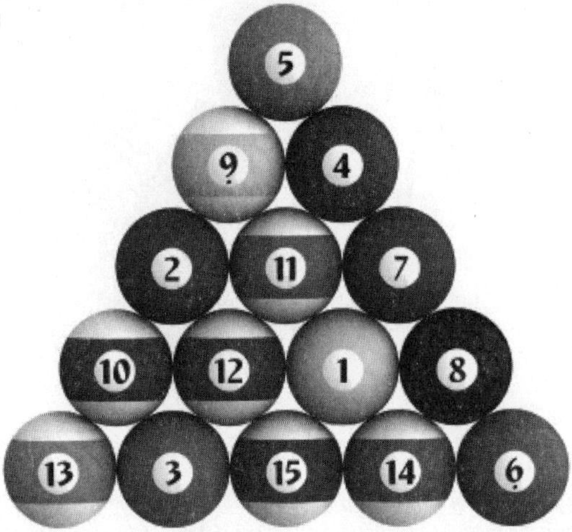

Dalton atom modeli bilardo topları gibiydi. Minik, sert ve parçalanmaz bir kürecik.

Dalton'un atomu günümüzdeki atom modelleri ile kıyaslandığında son derece ilkel ve basit bir modeldi. Üstelik Demokritus'un bölünmez parçalanmaz atom fikriyle yan yana konduğunda pek de farklı bir tarafı yoktu! Aradan geçen 2000 sene, maddenin yapısı konusunda çok fazla bir yol kat edilmiş sayılmazdı...

Ama yine de, maddeleri oluşturan şeyin atomlar olduğunu söylemek; "Ağaçların yüksek yapraklarını yemek için üst dallara uzanan bir takım hayvanların boyunları zaman içinde uzadı uzadı uzadı ve zürafa oldular" diyen bilim adamlarının yaşadığı bir çağa göre, fena bir buluş değildi gerçekten...

Dalton, bir kabın içindeki sıvı maddeyi inceliyor! Sizce yeterince yakından ve yeterince dikkatle bakarsa atomları görebilir mi? (Elbette şaka yapıyorum!)

Bilardo Topu Değil Üzümlü Kek

Dalton ömrünün sonlarına doğru, bilardo topuna benzeyen atom modelinden ufak ufak kuşkulanmaya başladı.

"Ya bu topların içinde çok daha küçük parçalar varsa?"

Öyle ya! Bu da insanın aklına gelmiyor değildi. Fakat Dalton bu konuda daha ileriye gidemedi ve bayrağı J.J. Thomson adındaki İngiliz fizik bilginine devretti.

Atomun yapısı hakkında bir fikir öne sürme sırası J.J. Thomson'a gelmişti çünkü...

1900 yılların başlarıydı... Sör Thomson, atomun yapısında *elektron* adı verilen başka parçalar olduğuna dair küçük (Nasıl büyük olabilir ki atomdan bahsediyoruz burada!) ipuçları keşfetti. Thomson'un önerdiği atom modeline "ÜZÜMLÜ KEK MODELİ" adı verildi. Üzümlü kekin içindeki üzümler gibi atomun içinde de elektron adı verilen parçacıklar bulunmaktaydı.

"Üzümlü kek bize uymaz" diyenler için Thomson'un modelini karpuza da benzetebiliriz. Thomson'a göre, karpuzun içindeki çekirdekler gibi atomun içinde de, elektron adı verilen parçacıklar bulunmakdaydı...

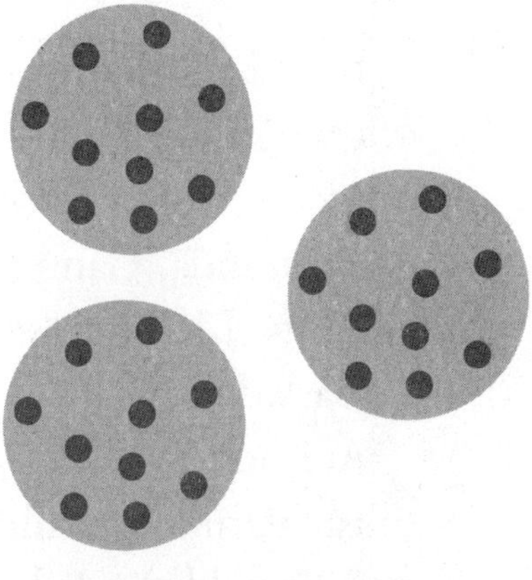

Thomson'un atomu aşağı yukarı böyle bir şeydi. Dalton'un sert ve tek parça bilardo toplarına kıyasla çok daha karışık ama hâlâ daha yeterince karışık değil...

İşler Ve Kafalar Karışıyor!
Rutherford'un Güneş Sistemi Modeli

Ernest Rutherford, 12 çocuklu bir ailenin 4. çocuğu idi. Son derece fakir bir evin zeki ve çalışkan çocuğu Rutherford, liseyi burslu okudu. Sonunda, Cambridge Üniversitesi'ne kabul edildi ve J.J. Thomson'un yanında çırak olarak işe başladı.

Atomun nasıl bir şekli olduğu konusundaki çalışmalarına ustasının Üzümlü Kek Modeli'ni sorgulamakla başladı. Ve yaptığı bir dizi acayip deney sonunda, Atomun "Üzümlü Kek"ten daha çok Güneş Sistemi'ne benzediğini söyledi.

Rutherford'a göre, atomun ortasında bir çekirdek vardı ve elektronlar, bu çekirdeğin etrafında Güneş'in etrafında dönen gezegenler gibi dönmekteydiler.

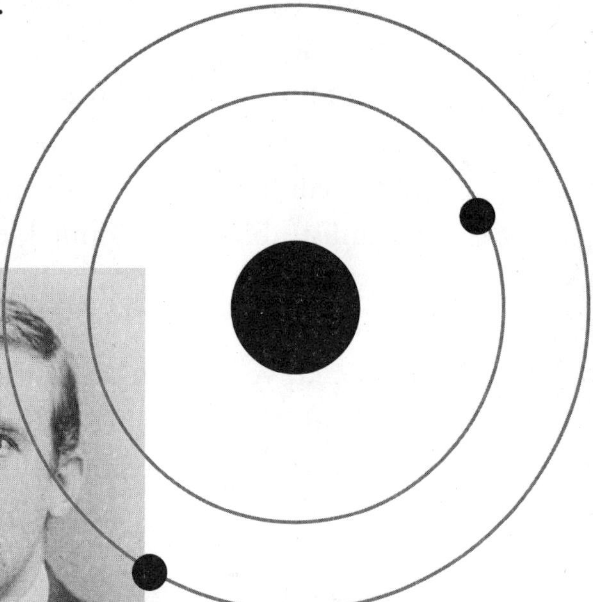

İşte, ne kadar zeki bir adam olduğu bakışlarından belli olan Rutherford ve onun atom modeli. Oh nihayet, bildiğimiz atoma benzer bir model ile karşılaştık. Rutherford'un modeli Dalton'un bilardo topundan da, Thomson'un üzümlü kekinden de çok daha karmaşık bir atom modeliydi. Fakat hâlâ yeterince karmaşık değildi...

Atom Modelinde Son Moda!

Danimarkalı fizik bilgini Neils Bohr, Profesör Rutherford'un atom modeli üzerinde çok kafa yordu ve bu modeli biraz daha geliştirdi.

Bohr'un yaptığı birbirinden karışık deneyler sonunda, elektronların atomun çekirdeği etrafında belli bir yörüngede, belli bir uzaklıkta ve olağanüstü bir hızda dönmekte olduğu anlaşıldı.

Ardından J. Chadwick adında bir fizikçi ortalığa çıktı ve "Benim de çorbada bir tuzum olsun!" diyerek, atomun ortasındaki çekirdeğin sadece bir çekirdek olmadığını adına *nötron* ve *proton* denen küçük parçacıklardan oluştuğunu söyledi....

Bir süre sonra, Heisenberg ve Schrödinger adında bilim adamlarının çalışmaları, Bohr ve Chadwick'in atom modelini de biraz değiştiriverdi...

Günümüz bilim adamlarının üzerinde "Daha iyisini bulana kadar en iyisi bu" dedikleri atom modeline göre, elektronlar hem kendi çevrele-

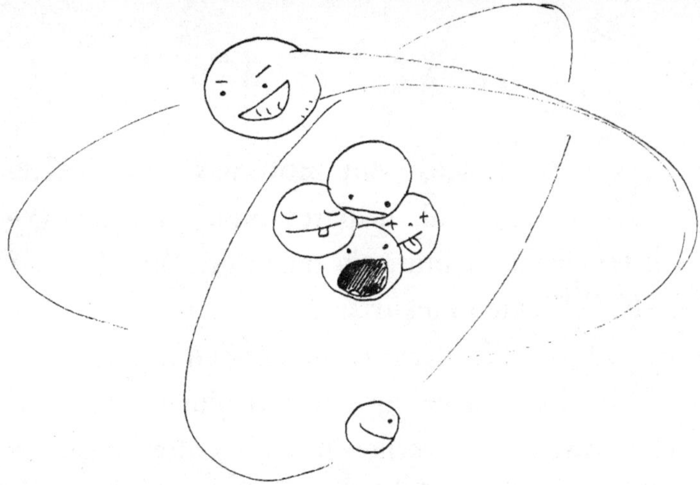

rinde hem de atom çekirdeğinin etrafında dönerler; ama ne hızları ne de yerleri hakkında kesin bir şey söyleyebiliriz. Sadece "Şuralarda bir elektron olabilir!" diyebiliriz. Bu, "Şuralarda bir elektron olmayabilir" demekle aynı şeydir aslında...

Bohr, Chadwick, Heisenberg ve Schrödinger... Bu adamların hepsi de ömürlerini doğru düzgün bir atom modeli bulmak uğruna çalışarak geçirdiler. Bugün, "İçimizden birinin aklına daha iyi bir fikir gelene kadar en iyisi bu" diyerek kabul ettiğimiz Modern Atom Modeli onların katkılarıyla ortaya çıktı...

Çekirdeği oluşturan protonlar ise KUARK adı verilen üç küçük parçacıktan meydana gelirler. Fakat iş bununla da bitmez kuarklar da SİCİM'lerden oluşurlar...

SİCİM TEORİSİ Atom Modeli'nde son modadır. Bu teoriye göre atomu oluşturan parçacıklar sicim adı verilen iplikçiklerden oluşuyor. Bütün atom bu iplikçiklerle ilmek ilmek örülmüş bir yapıda!

İşte Demokritus'tan günümüze kadar insanların atomun yapısı hakkında ileriye sürdükleri fikirler, ortaya attıkları atom modelleri en kısa ve en basit şekliyle böyle...

Acaba Üzümlü Kek Modeli'nin sahibi Thomson bu günleri görseydi ne derdi?

Peki ya, Bilardo Topu Modelini ortaya atan Dalton?

Ama ben en çok Demokritus, Modern Atom Modeli'ni görebilecek olsa, nasıl bir tepki verir-

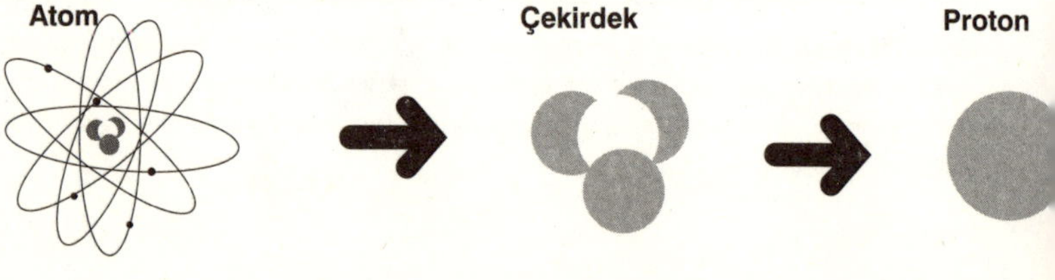

di onu merak ediyorum...

– Bu ne?

– Bu şey işte! Atom!

– Ben bulduğumda böyle değildi!?

– Ohooo! Senin dediğin iki bin beş yüz sene kadar önceydi ihtiyar. Ama hiç üzülme! Bizim bulduğumuz da hiç yerinde durmuyor. Sürekli değişiyor...

Etrafımızdaki her şey... hava su toprak, ağaçlar, çiçekler, karıncalar, kelebekler, filler, mavi balinalar, minicik fındık fareleri, tek hücreli canlılar, bakteriler, mikroplar, Ay'lar güneşler yıldızlar.. insan vücudu, gören gözlerimiz, işiten kulaklarımız, güm güm atan kalbimiz, damarlarımızda akan kan, tel tel saçlarımız...

Gördüğümüz, hissettiğimiz, işittiğimiz yahut var olup da varlığından bile haberdar olmadığımız her şey, tanesi santimetrenin kaç milyonda biri büyüklüğünde atomlardan oluşuyor...

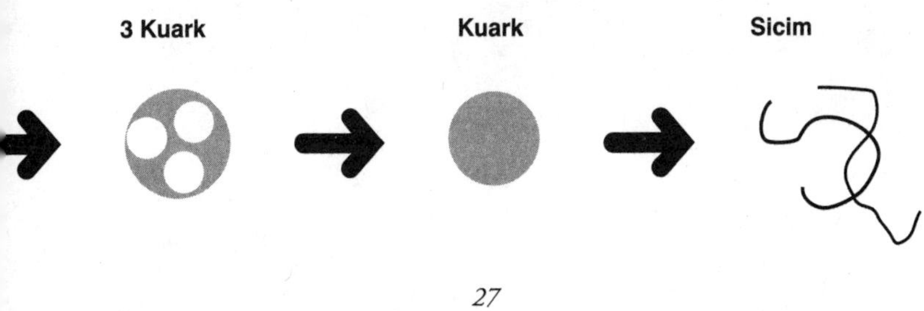

Bir takım bilim adamları, milyarlarca milyarlarca milyarlarca ışık yılı uzaklıktaki gök adaları ve onların ötesinde neler olup olmadığını araştırıyor...

Onların araştırdıkları şeylerin büyüklüklerini aklımız almıyor...

Bir takım bilim adamları da, gözlerini atomun üzerine dikmiş ve bu esrarengiz şeyin sırlarını çözmeye çalışıyor...

Onların araştırdıkları şeyin de küçüklüğünü aklımız almıyor...

Ve yaratılmış en küçük şey ile en büyük şey arasında—neredeyse tam ortada durduğumuz için,—her iki tarafa da hayretle ve ibretle bakıyoruz...

Bazen yıldızların akıl almaz ihtişamı, bazen atomun akıl almaz küçüklüğü gözlerimizi kamaştırıyor...

Ve, "Allah ne büyük!" diyoruz. "Şu yıldızları nasıl yaratmış..? Şu atomları ne kadar da küçük.."

Evet yıldızlar büyüktür, atomlar ise küçük!

Peki ama ne kadar küçük?

Atomun Büyük Küçüklüğü

BİR ŞEYİN ne kadar küçük olduğunu anlatmak için pek çok kelime vardır. "Miniminnacık" onlardan biridir. Fakat ben bu "miniminnacık"ın aslında ne kadarcık olduğunu hiç anlayamamışımdır. Gerçekten de "miniminnacık" ya da "miniminicik" ne kadarcıktır bilen var mı?

Bir kedi yavrusu kadar mı..?

Bir çit serçesi kadar mı..?

Yoksa sinek kadar bir şey mi..?

Belki de çok daha küçük, bit kadar bir şeydir miniminnacık..!?

Peki ama ya tek hücreli bir canlıdan, mesela, bir *Terliksi Hayvan*'dan bahsediyorsak?!

Asıl minimminnacık olanlar, terliksi hayvanlar, ya da *Çoraplı Amipler*, gibi tek hücreliler olmasın sakın ha?!

Gördüğünüz gibi, minimminnacık tam olarak ne kadarcıktır, belli değil!

Bu yüzden bir şeyin ne kadar küçük olduğunu anlatmak, bazen büyük bir problem olur...

Hele de atomlardan bahsediyorsanız, başınız gerçekten belada demektir...

Fena Halde Küçük Bir Hesap

Şu çizgiyi görüyor musunuz? Onun boyu tam 1 cm'dir.

Böyle bir çizgiyi yan yana tek sıra halinde dizilmiş atomlarla çizmeye kalksaydık; bize tam 100.000.000 (yüz milyon) tane atom gerekecekti.

Çünkü atomların ortalama büyüklüğü 1 cm'nin yüz milyonda biri kadardır!

Şimdi okumakta olduğunuz bu sayfayı kıvırıp ne kadar ince olduğuna bir bakar mısınız lütfen.. Gerçekten çok ince değil mi? Yaklaşık 1 mm'nin 10'da 1'i kalınlığında..

Eğer, bu kitabın sayfası üzerindeki atomlar el ele tutuşup, sayfadan aşağıya doğru inen bir zincir oluşturmaya karar verecek olsalardı; bu iş için kendileri gibi 1 milyon atomu ikna etmeleri gerekirdi!.

Durun! Durun! "Kafamız karıştı, beynimiz büzüştü. Aman üstümüze daha fazla gelme! Zaten yarın Matematikten sözlü var yazılı var.." diyerek kaytarmayın sakın... Görmemiz gereken birkaç küçük hesap daha var!!

Bir takım bilim adamları,—artık nasıl hesaplamışlarsa—tek bir tuz tanesindeki atomları; saniyede 1 milyon atom sayabilecek bir hızla saymaya kalkarsak, bu işi üç-beş asırdan önce bitiremeyeceğimizi söylüyorlar.

Şimdi mutfağa gidip tuzluktan bir tuz tanesi alıp avucunuzun içine koyun ve o minicik taneye dikkatlice bakın! Bu, atomların ne kadar küçük oldukları konusunda size bir fikir verir...

Yine bilim adamlarının dediğine göre, eğer avucunuzun içindeki o tuz tanesindeki bütün atomları tuz tanesinin kendisi kadar büyütsek, tanecik, 10 km yüksekliğinde bir tuz dağına dönüşürmüş...

Ortalama bir insanın bedeninde yaklaşık 100 trilyon kadar hücre bulunur.

Her bir hücremiz ise milyarlarca atomdan meydana gelir. Eğer vücudumuzun toplamda kaç atomdan meydana geldiğini öğrenmek istiyorsak, oldukça büyük rakamlarla, oldukça büyük hesaplamalar yapmamız gerekiyor.

Bana sorarsanız şimdilik boyumuzu ve tartının üzerine çıktığımızda kaç kilo geldiğimizi bilsek yeter!

Bir Atomu Görmek

Peki biz şimdi dünya gözüyle bir atomu göremeyecek miyiz? Bu şartlar altında, biraz zor gözüküyor açıkcası...

Eğer bilim adamları ileriki yıllarda, şimdikilerle kıyaslanmayacak kadar olağanüstü büyütme yetenekleri olan bir takım acayip mikromikromikroskoplar yapabilirlerse, belki atomu şimdikinden çok daha net görme imkânını buluruz. En azından, bu güne kadar görüntülenebilenlerden çok daha net bir fotoğrafını...

Bunun dışında geriye tek bir yol kalıyor o da bir atomu, mesela bir Karbon atomunu büyütmek!

Ama bu imkânsız bir şey! Aklı azıcık başında hiçbir bilim adamının böyle bir işe zaman harcayacağını sanmam..

Peki ama hayal etmenin bize ne zararı olur!? Eğer bir atom, yeterince büyürse onu görebilir miyiz gerçekten?

Evet teorik olarak bu mümkün. Ama *yeterince* ne kadardır haberiniz var mı?

Şimdi elinize bir elma alın. Ve o elmanın dünya kadar büyüdüğünü hayal edin.

Elma, dünya kadar büyüdüğünde, onu oluşturan atomlar aşağı yukarı bir futbol topu kadar irileşmiş olurlar.

İşte şimdi o futbol topu kadar irileşen atomlardan birini alır; evirir çevirir ve nasıl bir şeymiş bakıp öğrenebiliriz değil mi?

Pek değil maalesef!

Bu boydaki bir atom bile, bize kendisi hakkında fazla bilgi vermez.

Gördüğümüz şey, üzerinde vızır vızır elektronların döndüğü ışıktan bir topa belki benzer, belki benzemez.

Eğer atomun kalbini; yani nötron ve protonlardan oluşan çekirdeğini görmek istiyorsanız, o futbol topunu da, en az bir futbol sahası kadar büyütmeniz gerekir! Bu durumda az önceki elmanın boyutları hayalimizin sınırlarını bile aşmış olacağı için, onu hiç düşünmeyelim isterseniz...

Futbol sahası kadar büyüyen atomun çekirdeği, futbol topu boyutuna erişir ve onun 1000 metre kadar uzağında misket kadar boylarıyla dönüp duran elektronları görebilirsiniz artık....

Tabii bu hayal olduğu için, elektronların, en fazla *Şimşek Makkuin* kadar hızlı olduklarını varsayıyoruz:

– *Fiyuvvvvvvvv!*

– Aha bi elektron geçti bak!

– Ben kaçırdım abi, göremedim!

– Bak, bak, bak! Geliyo bak bi tane daha!

– *Fiyuvvvvvvvv!*

– Vay! Vay! Vay! Vay!

– Sakın önünde durma Zekayi, çarpar!

– Ben bi çekirdeğe kadar gidip gelicem Ferruh abi...

– Niye ki?

– Hiç! Merak ettim. Soğuk mu sıcak mı, ona bakıcam!

– Aman gözüm, orayı burayı çok elleme, parçalanır falan!

– Yok! Parmaamın ucunlan, Ferruh abi!

– Atomlan şaka olmaz Zekayi!

– *Fiyuvvvvvvvv!*

– Aha bak! Bi elektron daha geçti...

– Ferruh abiiiii! Bak ne buldum?

– O ne oğlum?

– Nötron diyolar!

– Gerizekayi, yaktın bizi!

– Abi sıcak oldu birden; onu mu diyon!?

AÇIK
BAKKA

Büyük Boşluk

İNSAN VÜCUDUNUN yarısından çok daha fazlasının (%70'inin) sudan oluştuğunu ilk öğrendiğimde, gerçekten şaşırmıştım. Aynaya her baktığımda içimden: "Şu işe bakın!" derdim. "Neredeyse tamamen sudan yaratılmışım..."

Bakkal önlerinde su dolu damacanalar gördüğümde gülümser ve bedenimdeki her bir hücrenin, o damacanalar gibi su ile dolu olmasının ne kadar şaşılacak bir gerçek olduğunu hatırlatırım kendi kendime...

Elbette bedenimde sudan başka maddeler de var. Mesela Karbon, Kalsiyum, çekip çıkarılsa bir adet inşaat çivisi yapmaya yetecek kadar Demir... Fosfor, Potasyum, Kükürt, Magnezyum, Sodyum vs.. Ama en büyük oran 2 Hidrojen ve 1 Oksijen atomundan oluşan su moleküllerine ait...

Gören gözlerim, işiten kulaklarım, koku alan burnum, tadan dilim, tutan ellerim, yürüyen bacaklarım, güm güm atan kalbim, damarlarımda dereler gibi akan kanım ve beynim...

Neredeyse tamamen sudan yaratılmışım!

İnsan vücudunun yarısından çok daha fazlasının sudan yaratıldığını öğrenmek beni çok şaşırtmıştı...

Ancak, atomlar aleminin *Fen ve Teknoloji* ile *Hayat Bilgisi* kitaplarında pek bahsedilmeyen gizemleri arasında yaptığımız bu yolculuk sırasında öyle bir şey öğrendim ki, "sudan yaratılmış olmak"tan çok çok daha şaşırtıcı ve çarpıcıydı!

İnsan vücudunda yaklaşık 100 trilyon hücre var. Her bir hücre ise milyarlarca atomdan oluşuyor.

Ve bu atomloran her birinin bir çekirdeği ve o çekirdeğin etrafında dönüp duran elektronları bulunuyor. Fakat çekirdek ile elektronlar arasındaki mesafe—onların büyüklüklerine göre—olağanüstü boyutlardadır.

Mesela bir metre sizin için kısa bir mesafe sayılabilir. Ama karıncaya göre oldukça uzun bir mesafedir. Bir terliksi hayvana göre ise hayatı boyunca yürüse bitiremeyeceği kadar uzun bir yoldur. Bir atom için ise, hesaplara rakamlara sığmayacak bir mesafedir. Tıpkı bunun gibi atomun çekirdeği ile elektronları arasındaki boşluk, onların boyutlarına göre çok çok çok büyük bir boşluktur.

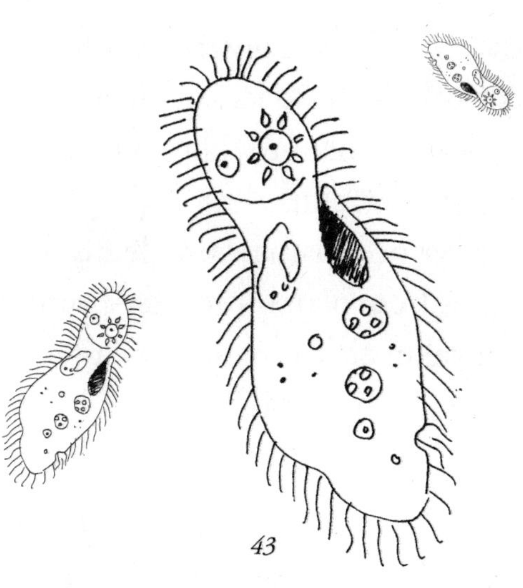

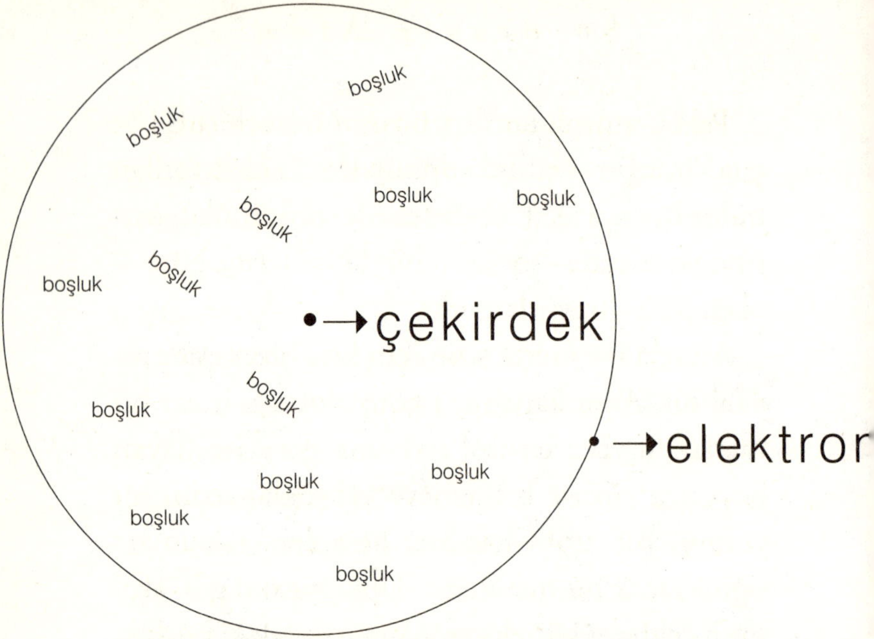

Şimdi şu yukarıdaki atom çizimine bir bakın! Eğer bu çizim bir atomun gerçek oranlarına göre çizilmiş olsaydı, elektronun yerini asla bu kitabın sayfaları içinde gösteremezdik.

Çünkü çekirdeği ne kadar büyütürsek, elektronun çekirdeğe olan uzaklığını da o kadar büyütmemiz gerekecekti.

Kabaca bir hesaplamayla şöyle diyebiliriz:

Eğer çapı 1 cm olan bir misket atomun çekirdeğine en yakın elektron olsa, çekirdekle arasındaki mesafe 1 km olurdu!!!

Peki bu ne anlama geliyor? Atomun çok büyük oranda—bizim bildiğimiz anlamda her hangi bir maddenin olmadığı—boşluktan oluştuğu anlamına geliyor.

Bunun ne kadar büyük bir boşluk olduğunu daha iyi anlamamız için size şöyle en çarpıcısından bir iki misal daha vereyim isterseniz:

Eğer benim vücudumu oluşturan atomların boşlukları ortadan kaldırılıp sıkıştırılsa; yani çekirdekler ile elektronlar birbirlerine yapıştırılabilse, artık beni göremezdiniz! Bir terliksi hayvan (Nedense aklıma başka bir hayvan gelmiyor bu aralar!) kadar bile olamazdım. Milimetrenin binde biri kadar miniminnacık bir toz zerresi kadar olurdum. Fakaaaaaat! O toz zerreciğini püf diye üfleyip uçuramazdınız.

Çünkü ağırlığı 70 kilo olurdu. Daha doğrusu 75! Bu aralar biraz kilo aldım, haklısınız!

Peki ama neden bu kadar ağır?

Çünkü atomun neredeyse bütün ağırlığı çekirdeğindedir. Çekirdek atomun tamamından 10 milyar kez daha küçük olmasına rağmen ağırlığının %99'undan daha fazlasını oluşturur!

Şimdi size bir başka örnek vereyim:

Eğer Süleymaniye Camii'ni oluşturan atomları, boşluklarını kaldırıp sıkıştırabilseydik, o koca cami, minik bir çakıl taşı kadar olurdu.

Tabii yüzbinlerce ton ağırlığında minik bir çakıl taşı! Yani öyle, ayakkabınızın ucuyla vurup yolun karşı kaldırımına savuramayacağınız bir çakıl taşı..

Şu işe bakar mısınız? Vücudumuzun neredeyse tamamının sudan yaratılmış olmasına hayret ediyorken; şimdi de % 99'umuzun boş olduğunu öğrendik!

Nötronlar ve Protonlar

NÖTRONLAR VE PROTONLAR, bizim çocukluğumuzda çok meşhurdu. Ne zaman uzay savaşları oynasak; mutlaka mısır somağının ucuna gazoz kapağı takarak bir uzay silahı yapar, öyle çıkardık meydana... Bunun Marslısı var, yaratığı var, bilmemnesi var... İnsan uzay tabancası olmadan, uzay yoluna çıkar mı?

Tabi uzay tabancası bu; dededen kalma çakar almaz, atar da vuramaz av tüfekleri gibi karabarut yakacak değildi! Ya protonla çalışacaktı, ya da nötronla...

Yoksa başka nasıl olacaktı!?

– Bu silah seni protonlarına ayıracak!

Civuyyyy! Civuyyyy! Civuyyyy!

– Ne oldu? Ayıramadı?

– Protonu bitti!

– O zaman sen benim nötron yoğunlaştırıcımın tadına bakacaksın!

– At bakayım!

Civusss! Civussss! Civussss!

– Yoğunlaştım tamam, kes artık!

Civukkk! Civukkk! Civukkk!

– Aaaaaaah! Pek fena canım yandı. Bu sonuncusu da neyin nesiydi?

– Hiiiç! Onu ağzımla yaptım!

Atomun Kalbi

1932 yılına J. Chadwick adındaki bir fizikçi, çekirdeğin sadece bir çekirdek olmadığını, NÖTRON ve PROTON adı verilen iki farklı tanecikten yaratıldığını keşfetti...

Bu akıl almaz küçüklükteki(!) keşif sayesinde de Nobel Ödülü'nü kaptı!

Nötronlar ve protonlar birbirlerine GÜÇLÜ NÜKLEER KUVVET denilen bir kuvvet ile tutunurlar. Bu, kâinat yaratıldığında atomların kalbine konan akıl almaz büyüklükte bir güçtür. Ölçüsü o kadar hassas ayarlanmıştır ki, biraz fazla olsa, nötronlar ve protonlar birbirine girerdi. Biraz az olsa, bir arada durmazlar dağılıp giderlerdi.

Ve atomların birbirine girdiği yahut bir arada durmadığı darmadağınık olduğu bir alemde, ne kelebek kanatlarından bahsedebilirdi, ne gül yapraklarından, ne çiğ tanelerinden, ne serçe kuşlarından...

Güçlü Nükleer Kuvvetin ne kadar "güçlü" olduğunu bu kitabın en son yazısında daha iyi anlayacaksınız... Merak edenler için küçük bir ipucu vereyim: Olay, Hirojima'da geçiyor!

Artılar (+) ve Eksiler (–)

Pillerin bir tarafında (+) artı bir tarafında da (–) eksi yazar. Mutlaka görmüşsünüzdür. En azından, kardeşinizin sinir bozucu sesler çıkaran pilli oyuncaklarına pil takarken, bu (+) ve (–) işaretlerine dikkat etmeniz gerektiğini hepiniz bilirsiniz. Bunu bilirsiniz de, ARTI ve EKSİ ne anlama gelir, bunu bilir misiniz?

(+) ve (–) işaretleri, elektrik yükünün türünü gösterir. Ve sadece kalem pillerde değil, atomun parçacıklarında bile (+) ve (–)olarak iki türde elektrik yükü bulunur.

Mesela Protonlar (+) yüklü parçacıklardır. Elektronlar ise (–) yüklüdür.

Nötronlar ise ne (+) ne de (–) yüklüdür. Nötronlar *nötr* yani tarafsızdır.

Tıpkı mıknatısların zıt kutuplarının birbirini çekmesi, aynı kutuplarının birbirini itmesi gibi, aynı değerdeki yükler birbirlerini iterler. Farklı değerdekiler de çeker.

Yani, artı ile artı (+ +) , eksi ile eksi (– –) karşılaştıklarında birbirlerini iterken, artı ile eksi, (+ –) birbirlerini çeker.

Şimdi siz sormadan ben hem sorayım hem de cevabını vereyim:

Madem öyle, bir atomun çekirdeğinde bulunan ve bazen sayıları 100'ü bulan (+) yüklü protonlar nasıl oluyor da birbirlerini itip atomu patlatmıyorlar?

Bunun cevabını az önce vermiştim aslında:

Güçlü Nükleer Kuvvet, (+) yüklü protonları ve ne (+) ne de (–) yükü olmayan (nötr yani) Nötronları bir arada tutar da o yüzden...

Tabii burada nötronların da bir rolü olduğu söyleniyor. Bilim adamlarına göre, nötronlar arada olmasa, protonların bir arada durmaları pek mümkün olmazmış...

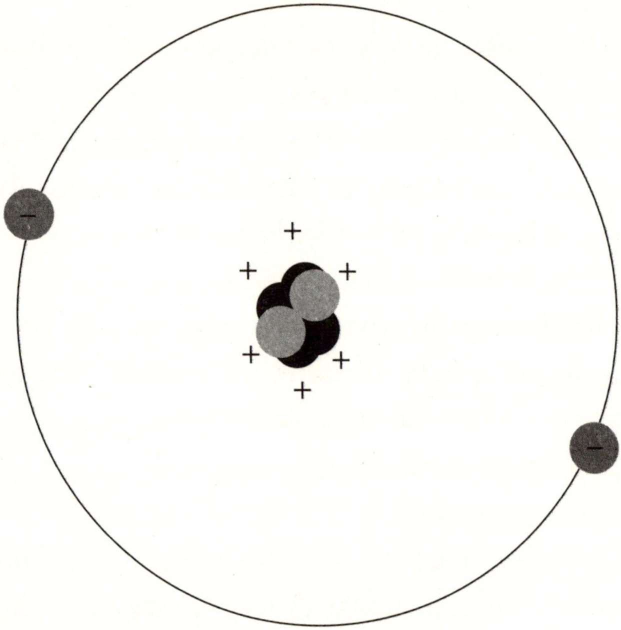

Protonlar (+) yüklü elektronlar ise (–) yüklüdür.

Peki atomun çekirdeği (+) yüklü protonlarla dolu olduğuna göre, elektron da (–) yüklü olduğuna göre, nasıl oluyor da elektron çekirdeğe yapışmıyor da, etrafında dönüp duruyor? (+) ile (–) birbirini çeker dememiş miydin az önce?

Eğer öyleyse, elektronların en fazla birkaç tur attıktan sonra, çekirdeğe yapışıp kalması gerekmez miydi?

Bir ipin ucuna küçük bir top bağladığımızı ve topu başımızın etrafında hızlı hızlı döndürdüğünüzü düşünün. Top dönmenin hızıyla çekip gitmeye pek heveslidir değil mi?

Hani ip bir kopsa, yahut elinizden kaçsa, top alıp başını gidebildiği kadar uzağa gidecektir. Fakat ip kopmadığı, elinizden kaçmadığı ve siz onu döndürmeye devam ettiğiniz sürece bir yere gidemez sadece ipin boyu ne kadarsa o kadar uzaklıkta döner durur.

Elektronlar da tıpkı o top gibidir. Hızla döndükleri için (Saniyede 1000 km) fırlayıp gitmek isterler; ama atomun çekirdeği (+) yüklü olduğu için (–) yüklü elektronları kendine çeker,—topun ipi gibi—bırakmaz...

Adına ELEKTRO MANYETİK KUVVET denilen bu güç, elektronu ne kaçıracak kadar zayıftır ne de kendisine yapıştıracak kadar kuvvetlidir; tam kıvamındadır! Tıpkı ne gibi?

Hadi cevap verin? Tıpkı ne gibi?

Evet! Güneşin etrafında dönen Dünya gibi.. Dünya ne alıp başını gidebilir, ne de Güneşin çekim gücüne kapılıp ona yapışır!

Yaratıldığı ilk günden beri, kendisine tayin edilen uzaklıktan milim şaşmadan, Güneş'in etrafında döner durur Dünya...

Dünya'nın üzerinde kelebekler kanat çırpar...

Gül goncalarının kadifeden teninde her sabah pırıl pırıl çiy tanecikleri gülümser...

Serçe kuşları en güzel şarkılarını söyler...

Ve bütün bu manzaraları seyreden insanlar, ne Dünya'nın saatte 100.000 km hızla döndüğünü hissederler; ne de gözlerinin ve gözlerinin gördüğü her şeyin yaratıldığı, atomların elektronlarının saniyede 1000 km hızla döndüğünden haberleri olur...

Atomlardan yıldızlara kadar her şey, tesadüflerin, asla elini sokamayacağı hesapsız ince hesap ile yaratılmıştır çünkü...

Kelebekler kanat çırpar...

Gül goncaları serin kadifeden yaprakları ile inci gibi çiy tanelerine beşiklik eder...

Çit serçeleri şarkılar söyler...

Bize ise, bu olağanüstü manzaralar karşısında hayret etmek düşer...

Kehribar Taşının Esrarı

TALES, elinde yumruk büyüklüğünde bir kehribar taşı ile, Milet Şehri'nin en ünlü felsefe okulununun kapısından içeriye girdi ve:

"Herkes bana baksın!" dedi. "Bu elimde gördüğünüz bir kehribardır. Şimdi onu harmaniyemin eteklerine hızlı hızlı sürteceğim.."

Hırt! Hırt! Hırt! Hırt! Hırt!

Tales, bal rengi taşı elbisesinin eteklerine hızlı hızlı sürterken, etraftakiler merakla ve şaşkınlıkla onu izliyorlar ve bu işin sonunun nereye varacağını endişeyle bekliyorlardı...

– İşte oldu!

– Ne oldu?

– Kehribarı yeterince sürttüm..

– Eeee!

– Şimdi dikkatli bakın!

Tales, kehribar taşını saçlarına doğru yaklaştırdığında, kalabalıktan "Uuuuuvaaa!" diye bir ses yükseldi. Çünkü Tales'in saçları, kehribar taşı tarafından çekilip dik dik olmuştu.

– Gördünüz mü?

– Bu da neydi böyle!

– Bilmiyorum! Dün gece keşfettim. Kehribar taşının esrarengiz bir özelliği olsa gerek...

– Ben de deneyebilir miyim?

– Al dene! Ama iyice sürtmen gerekiyor.

Hırt! Hırt! Hırt! Hırt! Hırt!

– Yeter yeter! Hadi şimdi saçlarına doğru yavaş yavaş yaklaştır...

– Uuuuuuuuvaaa!

– Ben de! Ben de!

– Al koçum!

Hırt! Hırt!

– Olmadı!

– Olmadı çünkü yeterince sürtmedin!

– Senin sıran kaynadı olum! Ver, ben şimdi!

Hırt! Hırt! Hırt! Hırt! Hırt! Hırt!

– Bak bak bak! Kirpi gibi oldum...

– Ya Tales ne acayip adamsın! Şu keşfettiğin şeye bak. Bi işe yarar mı bilmem ama çok eğlenceli...

Milattan 600 yıl kadar önceydi..

Ne Tales, ne de diğerleri, olup bitene bir anlam verdi.

Niçin bir kumaş parçasına sürtülen KEHRİBAR ya da Tales ve diğerlerinin konuştuğu dil olan Yunanca'daki karşılığı ile ELEKTRON, saçlarımızı diken diken yapmakta ve küçük yaprak parçacıklarını, ipleri ve tüyleri çekmekteydi?

İnsanlar çok uzun bir süre bu şaşırtıcı olayın Elektron Taşı ile ilgili olduğunu düşündüler.

– Taşın içinde bi sır olmalı!

– Evet, sürtükçe ortaya çıkan bi sır!

– Acaba nedir? Nedir? Nedir?

İşte Kehribarın Sırrı

Gerçekten de işin sırrı Elektrondaydı ama elektron taşında değil; 1897 yılında J.J. Thomson adındaki bir bilim adamı tarafından keşfedilen ve adını Tales'in Kehribar Taşı'ndan alan elektronda! Yani atomun etrafında dönen (–) eksi (negatif) yüklü taneciklerde...

Bir önceki bölümde elektronların son derece hassas ölçülerde ayarlanmış bir kuvvetle çekirdeğin etrafında dönüp durduklarını söylemiştim.

Evet bu doğru, fakat elektronların atomdan ayrıldıkları da olur. Atomdan ayrılan (–) yüklü elektronlar, bu yüklerini gidip başka bir yere boşaltırlar. İşte bunun adına ELEKTRİK denir.

Tales'in elbisesine sürttüğü kehribarın saçlarını harekete geçirmesinin sebebi de bu elektriklenmedir. Ama bu elektrik, televizyonu çalıştıran elektrik ile aynı değildir. STATİK (DURGUN ELEKTRİK'tir.

Peki Statik Elektrik de neyin nesidir? Tales, kehribar taşını elbisesinin eteklerine sürttüğünde neler olmaktadır?

Kehribar taşı elbiseye sürtüldüğünde elbise ve kehribar arasında bir elektron alışverişi olur. Elbisedeki eksi yüklü elektronlar kehribara geçer.. Kehribarda eksi yük birikir.

Üzerinde eksi yük biriken kehribarı artı yüklü ve yüksüz (nötr) tüy, ip gibi hafif şeylere yaklaştırdığınızda onları çeker.

Çünkü (+) ve (–) birbirini çeker!

Bunun nasıl olduğunu görmek için illa bir kehribar taşına ihtiyacınız yok. Bir balonu kazağınıza sürterseniz, kazağınızdaki (–) yüklü elektronlar balona geçerler.

Yüzeyinde (–) yüklü elektrik biriken balonu saçınıza yaklaştırdığınızda, (+) yüklü saçınızı çektiğini görürsünüz.

Yün kazağınızı hızla üzerinizden çıkarırsanız statik elektrik boşalmasının çıtır çıtır seslerini duyabilirsiniz.

Hepimizin başına zaman zaman gelen bu tuhaf durum, biriken statik elektriğin kaçıp gidecek bir yer bulup, parmak uçlarınızdan kapının koluna doğru atlayıp gitmesidir! Eğer kazağınızı karanlık bir yerde hızla çıkarırsanız, boşalan statik elektriğin kıvılcımlarını bile görmeniz mümkün..

Bir kedinin tüylerini okşadığınızda da, kedinin tüylerindeki elektronlar elinize geçer.

Hatta kediyi yeterince okşarsanız kedi ile eliniz arasında minik bir kıvılcımın çıktığını bile görebilirsiniz.

Bu, biriken statik elektriğin boşalmasıdır. Ancak bunun için kediyi gerçekten uzun bir süre okşamanız gerekir.

Ben hiçbir kedinin buna tahammül edebileceğini sanmıyorum.

Yani statik elektriğin kıvılcımını göreyim derken; kedi size gününüzü gösterebilir!

O yüzden kedilerle uğraşmayın. Bizim mahalleye gelin!

Bir takım görevliler, çocuk parkının zeminini yumuşak plastik bir madde ile kapladılar.

Herkes buna çok sevindi!

– Ne güzel! Yavrularımız artık düşmeyecekler; düşse de zedelenmeyecekler! Vücut bütünlükleri zarar görmeyecek...

– Ne güzel güzel! Yavrularımızın artık elbiseleri hiç kirlenmeyecek!

– Ne güzel Ne güzel! Yavrularımız artık toprağa hiç dokunamayacak ve kumla oynayamayacak!

Evet ama şu plastik kayaktan fiyuvvv diye kayan tombul kuş, yumuşacık plastik zemine indiğinde neden ciyak ciyak bağırdı haberiniz var mı?

Vücudunda biriken statik elektrik yani (–) yüklü elektronlar ayaklarından toprağa geçip rahatça boşalamadığı için, serçe parmağının uçundan 'Çat!' diye bir ses çıkararak, kayağın

demirine atladı da ondan! Bildiğin çarpıldı yavrucak; üstelik canı da çok yandı!

– Ne güzel! Ne güzel! Tombul kuşum, biii sürü *negatif* (–) elektrik topladı!

Biz zamanında şeker toplardık, gazoz kapağı toplardık, kibrit kutusu toplardık, taş toplardık, ama elimiz ayağımız sürekli toprağa değdiği için, tepelere tırmanıp ağaçlara çıktığımız için (–) negatif elektrik toplamazdık...

Kimbilir, belki de bu yüzden, çok (+) *pozitif* çocuklardık..?!

Bir Takım Tuhaf Deneyler

TALES'İN Kehribar taşını harmaniyesinin eteklerine sürte sürte bilip bilmeden "Statik Elektrik Deneyleri" yaptığı ve "Galiba bu kehribar taşında çok acayip bir sır var" dediği günlerin üzerinden iki bin sene kadar geçmişti...

İnsanlar elektriğin kehribar taşı ile doğrudan ilgili bir şey olmadığını az çok anlamışlar, kehribardan başka bir takım maddelerin de elektriğe sebep olabileceğini keşfetmişlerdi.

1730'da İngiliz bilim adamı Stephen Grey, bir çocuğu ipek iplerle yoyo gibi sallandıra sallandıra insan bedenine de, kehribar taşı gibi elektrik yüklenebileceğini ispat etti.

Benjamin Franklin'in meşhur uçurtma deneyi

Çocuğun ilk başlarda çok eğlendiği kesin, ama deney uzadıkça neler hissetti bilemeyiz...

Gray başka bir takım deneyler yaparak bazı maddelerin elektriği ilettiğini bazılarının ise iletmediğini ortaya çıkardı...

Amerika Kıtası'nda ise Benjamin Franklin adında, statik elektriğe kafayı takmış ilginç bir adam yaşamaktaydı.

Aslında hemen her şeyi merak eden ve bu merakı sayesinde pek çok şeyi de keşfeden akıllı bir adamdı.

1752 yılında yıldırımlarla ilgili bir deney yaptı. Statik elektriğin boşalması sırasında gördüğü minik kıvılcımlar ile yıldırımların aynı şey olabileceğini düşünüyordu.

Tabii yıldırımlar çok daha büyük ve güçlüydüler.

Fırtınalı bir günde, günümüzde azıcık aklı çalışan hiç kimsenin kalkışmayacağı bir işe kalkıştı: Uçurtma uçurdu!

Üstelik uçurtmanın ipine evinin anahtarını bağlamıştı.

Kısa bir süre sonra uçurtmaya yıldırım çarp-

tı. Statik elektrik uçurtmanın ipinden anahtara kadar indi ve ortalığa kıvılcımlar saçtı!

Franklin bu deneyin ne kadar tehlikeli olduğundan habersizdi. Kendisinden bir sene sonra, "Elin Amerikalısı yapar da, ben yapamaz mıyım?" diyen Rus bilim adamı George Richman, fırtınalı havalarda uçurtma uçurmanın bedelini çok fena ödedi!

Tepesine inen bir yıldırım yüzünden, mezarına iri bir parça odun kömürü halinde konuldu!

Her neyse.. Bilim tarihi böyle acayipliklerle doludur...

Franklin uçurtma deneyinden sağ kurtuldu ve bu deney sayesinde yıldırımların bir elektrik olayı olduğunu ispatladı. Üstelik elektriğin (+)

ve (–) yüklerini de keşfetti... Gerçi ne tarafın artı ne tarafın eksi olduğu konusunda tam olarak isabet ettiremedi ama yine de adını elektriğin çarpıcı tarihine yazdırmayı başardı...

Yıldırımlar gerçekten de bir statik elektrik olayıdır. Fırtına sırasında bulutların içindeki buz kristalleri birbirlerine sürtünür. Ve henüz bilmediğimiz bir sebepten dolayı (–) yüklü elektronlar bulutun alt katlarında birikmeye başlar.

Bir süre sonra bulutun altı tamamen (–) yükle yüklenir. (–) yük o kadar artar ki, toprağın (+) yüklerini yüzeye doğru çeker. Böylece toprağın üst kısmı (+) yüklüymüş gibi olur.

Zıt yükler (+ ile –) birbirlerini çektiği için buluttaki olağanüstü (–) yük, (+) yüklü toprağa doğru bulabildiği en kısa yoldan aşağıya doğru, sadece 2-3 cm kalınlığında ışıktan bir ip gibi ama saatte 435.000 km gibi akıl almaz bir hızla, havayı da 28. 000 derece ısıtarak iner! Daha doğrusu düşer! Bize de, "Yıldırım düştü!" demek düşer!

Bu en kısa yol, bazen bir ağacın dalları, bazen de yağmurlu ve fırtınalı bir havada, koyunlarını otlatan bir çobanın tepesi, ya da "Hava bozdu ama benim havam yerinde!" diye golf oyununa kaldığı yerden devam etmekte ısrar eden sonradan görme bir zenginin elindeki golf sopası, bir minare alemi yahut gökdelenin en yüksek tepesi.. olabilir... Elbette, minarelerde ve yüksek binalarda paratoner adı verilen metal çubuklar vardır. Bunlar yıldırımdaki elektrik yükünü binaya zarar vermeden toprağa ulaştırırlar. Yani bir nevi kestirme yoldur... Çünkü metaller elektriği çok iyi iletirler...

Bu arada, size paratonerin Benjamin Franklin tarafından keşfedildiğini söylemiş miydim?

Franklin elektriğin metaller içinde hızla akan bir sıvı gibi ilerlediğini düşünüyordu.

Hatta ona göre elektrik bir tür sıvıydı! Özellikle metal cisimlerin içinde vardı.

Peki işin aslı neydi? Franklin'in dediği gibi elektrik, cisimlerin içinde bulunan bir sıvı mıydı?

Uçurtma deneyinden 50-60 sene sonra İtalyan bilim adamı Luigi Galvani, çok tuhaf bir deney yaptı.

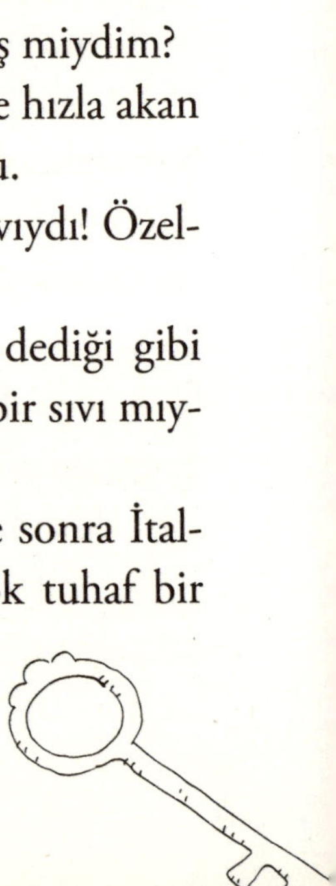

Galvani'nin Kurbağaları

1771 YILIYDI. Luigu Galvani, laboratuarında öğrencilerine ders vermek için girdiğinde, ilk iş olarak ölü kurbağaların hazır olup olmadığını sordu.

– Onları kelimenin tam anlamıyla öldürdük Bay Galvani!

– Mükemmeeel! Bunlar mı?

– Evet gördüğünüz gibi hepsi ölü!

– O halde başlayabiliriz.

Luigu Galvani bir doktordu ve o günkü dersi ölü bir kurbağanın bacaklarındaki sinirlere her hangi bir alet edevat ile baskı yapıldığında neler olacağı idi.

Galvani'nin emriyle asistanlarından bir tanesi, kurbağaları kesip biçtiği bıçağın ucuyla, kurbağanın bacağına şöyle bir dokunuverdi!

Aman Allah'ım o da ne? Kurbağa bacağı birden hareket etmeye başladı ve sağa sola bir iki tekme attı.

– N'oluyo be! Hani ölüydü oğlum bunlar!

– Hocam ölümü gör bak yemin ediyorum, kestik iyice..

– Nasıl kestiniz ya! Hayvan kalkıp gidecek nerdeyse?

Kimse olup bitene bir anlam veremiyordu. İşin doğrusu kurbağalar gerçekten ölüydü.

Asistanlar ve Galvani sıra ile kurbağanın bacağına dokunmayı sürdürdüler.

Her seferinde bacak seğirtiyor ve tekmeler savuruyordu.

– Bak bak bak! Nasıl attı gördün mü?

– Asıl sen şimdi bak!

– Kaç oğlum ordan vuracak bi tarafına!

– Oynamayın be, günahtır!

Gördükleri karşısında derin düşüncelere dalan Galvani, bu işe mutlaka bir açıklama bulmalıydı.

İlerleyen günlerde, defalarca aynı deneyi yaptı.

Kurbağanın bacağına değişik metallerle, değişik ortamlarda sayısız kez dokundu.

Her zaman aynı neticeyi aldı. Sadece bir kez,

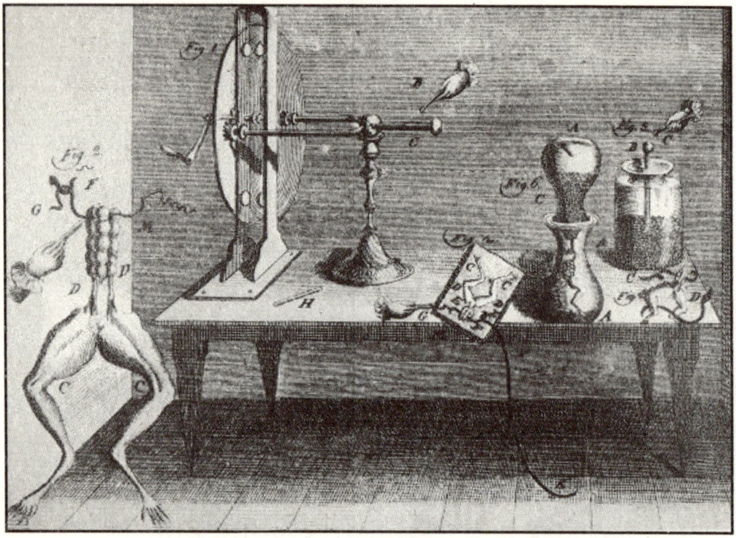

Galvani'nin meşhur kurbağa deneyini anlatan eski bir çizim.

o da metal yerine cam bir çubukla deneyi tekrarlamaya kalktığında, kurbağa bacağında en ufak bir hareket gözlemleyememişti.

Galvani sonunda kararını verdi. Bu hayvansal bir elektrikti ve kurbağanın kas ve sinirlerinden kaynaklanıyordu!

Galvani'nin bu açıklaması o gün için herkesin aklına yattı. Zaten ölü bir kurbağa bacağını, hayvansal elektrikten başka ne zıp zıp zıplatabilirdi ki?!

Fakat Galvani'nin yakın dostu ve bir bilim adamı olan Aleksandro Volta'nın aklı bu içerden gelen hayvanî elektrik fikrine pek yatmamıştı. Tuttu o da bir kurbağanın canına kıydı ve Galvani'nin deneyini tekrarladı. Fakat çok daha bilinçli bir şekilde.

Kurbağa bacağının birine bakır, diğerine ise çinko bir tel ile dokunduğunda, bacak "kalk düğüne gidelim" oluyordu. Ama her iki bacağa da aynı telin iki ucunu dokundurduğunda, pek bi kıpırdanma olmuyordu.

Eğer elektrik kurbağanın sinir ve kaslarından geliyor olsaydı, her iki durumda da bacağın horon tepmesi gerekmez miydi?

Ve Volta, bu garip olaya son derece isabetli bir açıklama ile noktayı koydu:

"Elektrik kurbağadan değil, metallerden geliyor!"

Kurbağanın bir bacağına bakır, öteki bacağına ise çinko değdirildiğinde bu iki metalin birbiri ile tek teması kurbağanın dokuları oluyordu. Bu dokuları oluşturan hücreler su ile dolu oldukları için, metaller arasındaki elektron alış verişi çok kolaylaşıyor, bu da elektrik akımının ortaya çıkmasına sebep oluyordu.

Tabii o sıralarda Volta, sizin gibi elektrik akımının elektron alışverişinden kaynaklandığını bilmiyordu..

Ama kurbağalarla da bir alakası olmadığını anlamıştı...

Kurbağaları devreden çıkardı. Ve bu işe en çok kurbağalar sevindi!

Bakır ve çinko çubukları tuzlu su ile doldurduğu bir kabın içine koydu. Sonra da çubukları bir tel ile birbirine bağladı. İki metal plaka arasında güçlü bir elektrik akımı oluştuğunu gördü. İşte bu, ilk pilden başka bir şey değildi. Adına da o gün bu gündür, *Volta Pili* denir.

Yanlışlıkla yapılan bir biyoloji deneyi, Volta'nın elektrik üreten pili bulmasıyla sonuçlandı. Tabii bu arada, çok çarpıcı *Hayvanî Elektrik Teorisi* de uçtu buhar oldu gitti.

Fakat uçup gitmeden, Mary Shelley adındaki bir yazara çok acayip bir ilham verdi.

Eski bir Frankeştayn filminde doktoru iş başında görüyorsunuz. Sanıldığının aksine Frankeştayn ucubenin değil, doktorun adıdır...
- Veriyom ceryanı, kaç beri!
- Doktor çok yakmasın!?
- Niye?
- Daha geçen ayın faturasını ödemedik de!
- Hele şunu bi kıpraştırak, bakarız bir hâl çaresine...

Mary Shelley, Galvani'nin kurbağalarından aldığı ilhamla, mezarlıktan topladığı kol, bacak kafa, parmak gibi parçaları bir araya getiren; sonra da elektriği verip, güya yaptığı şeyi canlandıran *Frenkeştayn* adında tahtaları eksik bir doktorun hikâyesini anlatan bir roman yazdı.

Roman çok meşhur oldu. Onlarca kez sinemaya uyarlandı. Hatta zamanında oyuncağı bile çıktı. Bi adet alana, çocuk mönüsü bedava..!

Elektrik Nasıl Çarpar?

İŞTE bu gerçekten "çarpıcı" bir başlık oldu! Aslında bu bölümün başlığı, "Işığı açtığımızda bir kablonun içinden ne tür hisler gelip geçer?" olacaktı. Ama bunun pek dikkat çekici bir başlık olmadığını son anda fark ettim.

Üstelik, bir popüler bilim kitabı için gereğinden fazla romantik bir başlıktı. Kablonun özellikle de elektrik düğmesinden tavanda asılı duran ampüle kadar uzayıp giden bakır bir kablonun "içinden geçenler," hiçbirinizin umrunda olmayabilir diye düşünüyorum...

Belki de yanlış düşünüyorum. Bir kablo, bir bakır kablo, bakır bir elektrik kablosu hiç de göründüğü kadar basit bir şey olmayabilir...

Bundan önceki bölümlerde statik elektriği ortaya çıkaran olaylardan kısaca bahsetmiştim.

Fakat şimdi, kablolardan, yüksek gerilim hatlarından akıp giden elektrikten bahsedeceğim...

Lambalarda ışık, radyolarda ses, televizyonlarda görüntü, ütülerde ısı, saç kurutma makinelerinde rüzgar olan elektrik akımından...

Elektronların Hızlı Yolculuğu

Ampülün yanışından (1879) bir süre sonra İngiliz Bilim Adamı J.J. Thomson, 1897 senesinde atomun içindeki (–) yüklü parçacıkları yani elektronları keşfetti.

Thomson, elektronları keşfetmek için bir yığın karmaşık deney yaptığı laboratuarı büyük ihtimalle Edison'un, yirmi yıl kadar önce yakmayı başardığı ampüller ile aydınlanıyordu. Fakat elektriğin tam olarak nasıl bir enerji olduğu ve kablolardan şimşek hızıyla nasıl akıp geçtiği neredeyse hiç bilinmiyordu.

Elektronların keşfinden sonra, sır perdesi hafif hafif aralanmaya başlandı. Statik elektriği konu edindiğimiz bölümü kısaca özetlersek:

Atomun (+) yüklü çekirdeğinin etrafında dönen elektronlar (–) yüklü taneciklerdir plastik bir balon gibi bir madde yünlü bir kumaşa sürtüldüğünde kumaşın yüzeyini kaplayan atomların (–) yüklü elektronları balonun yüzeyine geçer.

Balon (–) yük ile yüklenir. Böylece onu minik kâğıt parçalarına yaklaştırdığımızda o küçük şeylerin (–) yükleri balondaki (–) yükler tarafından itilir. Çünkü aynı kutuplar birbirlerini iter (– – veya + +).

Kağıt parçaları (+) yüklü hale gelir ve (–) yüklü balon tarafından çekilirler. Çünkü zıt kutuplar (– +) birbirlerini çeker...

Elektrik, elektronlarla ilgili bir olaydır. Bunu az çok anladık. Şimdi anlamak istediğimiz, elektrik santrallerinde üretilen elektrik, yüzlerce ki-

lometre uzunluğundaki kabloların içinden nasıl, döne döne, yokuşlardan ine ine, vadilerden geçe geçe, dağları aşa aşa, hatta denizleri yara yara gelir de benim çalışma masamdaki bilgisayarı çalıştırır!

Elektrik düğmesine dokunduğum anda, neredeyse "çıt!" sesinden önce ışık yanar!

Bu iş nasıl olur? Elektrik, Benjamin Franklinin dediği gibi maddelerin içinde bulunan bir sıvı mıdır? Bir nehir gibi mi akmaktadır?

Ve kablonun içinden neler, nasıl geçmektedir?

Bu kitabın başından beri söylediğimiz şeyleri kısaca özetleyelim:

Maddeler moleküllerden, moleküller atomlardan oluşur. Atomların (+ elektrik yüklü protonlardan oluşan bir çekirdeği ve o çekirdeğin etrafında saniyede 1000 km hızla hareket eden (–) yüklü elektronları vardır.

Elektronlar normal şartlarda çekirdeğin etrafından ayrılmazlar.

Ama bazı maddelere ait atomların en dış yörüngesinde bulunan elektronlar çeşitli dış etkiler sebebi ile sırtlarındaki yük ile birlikte alıp başını gidebilirler.

Bunlara *serbest elektron* denir.

Elektriğin kaynağı atomdan ayrılan bu serbest elektronlardır.

Yani şehir merkezinden yüz km uzaklıktaki bir elektrik santralinden çıkıp bizim eve kadar gelen kablonun içindeki serbet elektronlar elektrik akımını oluştururlar.

İyi ama elektronlara ne oluyor da kendi yörüngelerinden kopup akmaya başlıyorlar?

Volt ile Amper

"Volta atmak" deyimini bilir misiniz? Eski bir gemicilik tabiri olduğu halde, halk dilinde çıkıp bi dolaşmak, şöyle bir gezinmek ya da aşağı yukarı gidip gelmek gibi anlamlara gelir... Elektronlar da yörüngelerinden ayrılıp bir bakıma "volta atıyorlar" öyle değil mi? Ama benim burada anlatmak istediğim "volta", Alessandro Volta'dır. Hani, Galvani'nin kurbağa deneyini doğru değerlendirip pili keşfeden adam...

Acaba Galvani bu işe bozulmuş mudur? Söylediklerine göre Volta'yı sevdiği ve namuslu bir bilim insanı olduğu için bozulmamış, hatta memnun olmuş...

Fakat her karşılaşmalarında, aralarında şöyle bir konuşma geçmediğini kim söyleyebilir ki:

– Ben kurbağaları kesmeseydim, sen zor bulurdun o pili Volta!

– Abi çok mahcubum sana!

– Traşı bırak da bi yemek ısmarla bakalım!

– Kurbağa bacağı yer miyiz?

– Pardon!

– Üzülme be abi! Beraber bulduk sayılır...

– Tabii, o yüzden, senin adını elektriğe verdiler, bize de kala kala boru kaldı çakal!

– Ne borusu abi?

– Ne borusu olacak, galvaniz su borusu!

Gerçekten de Volta'nın ismi elektrik ile ilgili çok önemli bir kavrama verildi: VOLTAJ

"Bu piller kaç volt?" bu soruyu duymayan var mı? Peki volt neyin nesidir?

Elektronların serbest hale geçip akmasını sağlayan şeye, ELEKTROMOTOR KUVVET denir. Bu bir pil de olabilir, bir jenarötör de bir hidro elektrik santrali de...

İşte bu elektromotor kuvvetin gücüne voltaj denir. Ve santimetre, milimetre, gram.. gibi onunda bir birimi vardır: VOLT

Kullandığımız kalem piller 1,5 Volt elektrik üretirler. Bir şehre gelmek üzere santralden yola çıkan elektrik yaklaşık 100.000 Volt'dur. Ama masa lambasına gelene kadar gücü, "trafolar aracılığı ile 220-380 volta düşürülür.

Evet trafolar bu işe yarar! Siz o kemikli kurukafalı tehlike işaretlerini korsan bayrağı mı sanıyordunuz yoksa!? Sakın yaklaşmayın ha trafolara...

Kısacası Voltaj, çeşmeden akan suyun basıncı gibi kablodan geçen elektrik akımının şiddetini gösterir.

Borudan geçen suyun miktarı gibi elektrik akımının da miktarını belirleyen bir ölçü birimi daha vardır: AMPER. Evlerimizdeki tv, buzdolabı gibi aletler 1-2 amper elektrik kullanırlar. Peki bu ne anlama gelir?

1 Amperlik akım demek, bir elektrik kablosunun içinden saniyede 6 milyar kere milyar elektron geçmesi demektir...

Elektrik İnsanı Neden Çarpar?

"Elektrik çarpar" , tıpkı "Arı ısırır" gibi azıcık yanlış bir tabirdir. Çünkü herkes bilir ki arı ısırmaz, sokar.

– Evet doğru! Yılan da sokmaz, o da ısırır!

Elektrik de çarpmaz aslında! İnsan vücudu büyük oranda sudan oluştuğu için elektriği iletmek için harika bir aracıdır. Kazayla—aramızda kendisini bile bile elektrik akımına kaptıracak birisi olmadığını düşündüğüm için kazayla diyorum—elektrik taşıyan bir kabloya dokunan bir insan, akan elektronlar için harika bir yol halini alır.

Ve yüzlerce Volt şiddetinde elektrik akımı dişinden tırnağına kadar insan bedeninden gelip geçer; ta ki akım kesilene kadar...

Bu bir kamyonun bir insana çarpması gibi bir çarpma değildir. Daha çok binlerce onbinlerce vagonu olan bir trenin insanın üzerinden geçmesi gibi bir şeydir...

Anlayacağınız elektrik çarpmaz. Elektrik geçer; fakat geçtiği insan, tren çarpmışa döner...

Kurşunkalemin Ucundaki En Son Atom

ÇOCUKLUĞUMDA, bir kurşunkalemi, bıçakları paslanıp körelmemiş yepisyeni bir kalemtraş ile, ucu iğne ucu kadar sivrilecek kadar açsam, hep aynı şeyi merak ederdim:

"Bu kalemi dersin tam ortasında, yanımdakine bi batırıversem, acaba nasıl bağırır?"

Yo! Yo! Durun ufak bir karışıklık oldu. Evet belki bu merak ettiğim bir şeydi ama asıl merak ettiğim şey bu değildi.

Kurşunkalemin sipsivri ucuna bakıp, hayretler içinde merak ettiğim asıl şey, kalemin ta en ucundaki en son atomun, neden orada durduğu, neden alıp başını bir yerlere gitmediği idi..?

Molekül Ne Demek?

Maddeler atomlardan oluşur ama nasıl oluşur? Demokritus'un dediği gibi olmasa gerek! Çünkü bir avuç kum, bir araya geldiğinde yine bir avuç kumdur, başka bir şey değil.

Oysa yeryüzünde pek çok çeşit madde vardır. Kimi katı kimi sıvı kimi de gaz halinde bulunur bu maddelerin...

Maddelerin renkleri, kokuları, dokuları da birbirinden farklıdır... Peki bütün bu farklılık nasıl ortaya çıkmıştır?

Aslına bakarsanız atomdan maddeye doğru giden yolda bir takım basamaklar vadır.

Bu basamakların ilkine MOLEKÜL adı verilir.

Atomlar önce molekülleri oluşturur...

En az iki atomun bir araya gelmesinden moleküller meydana gelir. Fakat, atomlar nasıl bir araya gelirler? Bu iş öyle kendi kendine tesadüfen olacak bir iş değildir...

Atomlar aleminde, ince hesaplar, hassas dengeler, uyulması gereken kanunlar vardır...

Atomların en dış yörüngeleri en fazla 8 elektron taşıyabilir.

Atomlar aleminde bu sayıyı her zaman 8'e tamamlama eğilimi vardır. Peki nereden tamamlayacaktır?

Elbette başka bir atomdan!

Fakat burada da bir başı bozukluk, "Kim kaparsa onun elinde kalır!" mantığı yoktur. Her şey bir kural içinde gerçekleşir.

Bir atom bir başka atomla bir araya gelecekse ya elektron verir, ya elektron alır yahut ne alır ne verir, elektronlarını ortak kullanır...

Elektronu az olan atom, elektronu çok olan atoma elektron verir.

Mesela, son yörüngelerinde 4'den fazla elektron bulunan atomlar; 4 ve 4'den az elektron bulunan atomlardan elektron alırlar ve elektron sayısı 8'e tamamlanır.

Şimdi tanıdık bildik bir örnek verelim:

Sodyum atomunun son yörüngesinde 1 tane elektron vardır.

Klor atomunun son yörüngesinde ise 7 tane elektron vardır.

Sodyumun o tek elektronu Klor'a geçer ve aralarında sıkı bir bağ oluşur. Böylece yediğimiz yemekler çok daha lezzetli olur!

"Ne alakası var" mı dediniz!?

Eğer bir parça Sodyum yemeğe kalkarsanız, zehirlenip ölebilirsiniz.

Aynı şey Klor için de geçerlidir! Klor da insanı öldürür.

Fakat Sodyum ve Klor'un birbirine bağlanması ile SODYUMKLORÜR adında yepyeni bir madde yaratılır. Bu madde tadını hepimizin bildiği sofra tuzudur!

Nasıl oluyor da iki zehirli madde bir araya geldiğinde yemeden duramadığımız bir başka şey ortaya çıkıyor?

Aslında çevremizde bunun sayısız örneği vardır. Mesela, su Oksijen ve Hidrojen gibi biri yakıcı diğeri çok yanıcı iki gazdan yaratılmıştır. Ve ne yakar ne yanar su; su söndürür!

Bazı atomlara da, elektronlarını ortak kullanarak birbirlerine bağlanıp molekül olabilme özelliği verilmiştir.

Bir nevi elektron kardeşliği!!

Ne elektron alan ne elektron veren ne de elektronlarını başkaları ile paylaşan atomlardan oluşan maddeler de vardır.

Bunlar başka maddelerle yüz göz olmazlar... Kolay kolay kaynaşıp birleşmezler...

Ne yapsınlar!? Tabiatları öyle...

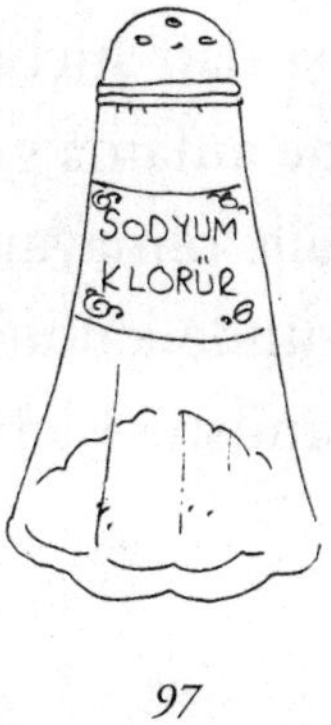

"Sana Deseler ki Element Nedir Deseler Ne Dersin"

Geçenlerde oğluma, "Ben zamanında Kimya dersi sınavından 0 (yazı ile: sıfır) almıştım.." dedim.

Çocuk o kadar şaşırdı ki, "Ne yani' diye sordu. "Yanlış da mı yapamamıştın baba?"

İşin doğrusu, yanlış da yapamamıştım...

Bugün atomlar hakkında bir kitap yazıyorum ve bu kitabı bana, "Al bu sıfırları simit niyetine yersin!" diyen o Kimya öğretmenine ithaf edeceğim..

Neden mi?

Dünyanın en ilginç derslerinden bir tanesini işkence haline getirdiği için...

Atomların olağanüstü dünyasında keyifli, maceralı bir yolculuğa çıkacağımı ümit ederken, ne işe yaradıklarına dair hiçbir şey bilmediğim onlarca formülü, ne anlama geldiklerini dair en küçük bir fikrim bile olmayan bir sürü denklemi ezberlemek zorunda kaldığım için...

Bütün bu olağanüstü işlerin kendi kendine

tesadüf eseri olup bittiğini söylediği ve aklımı karıştırdığı için...

"Madem her şey tesadüfen olup bitiyor, bu bilgileri öğrenmenin ne anlamı var!?

Ya atomlar, yarın son yörüngelerinde 8 değil de 18 elektron almaya başlarlarsa tesadüfen! O zaman ne olacak?" diye sorduğumda, benim "geri" zekalı olduğumu ima ettiği için...

Bazı geceler rüyamda kalın kaba ve küçümseyici bir ses yankılanıyor:

"Sana deseler ki element nedir deseler ne dersin"

Ve bu Türkçe faciası cümlenin neresine nokta, neresine virgül, neresine noktalı virgül, neresine soru işareti koyacağıma bile karar veremiyorum...

O derece anlamıyorum yani soruyu...

"Otur!" diyor ses. "Sıfır! Simit niyetine yersin..."

"Hiç önemli değil!" diye cevap veriyorum. Belki tesadüfen bir 10 çakıveririm sonraki sınavda..."

"Bu işler tesadüfen olmaz!" diyor sırıtarak...

"Nasıl yani!?" diyorum. "Gözlerimi kapatıp, sınav kâğıdına rastgele formüller yazsam, cevaplar karalasam, şıkları rastgele işaretlesem.. moleküller çizsem, grafikler.. 10 alamaz mıyım? Bu işi bir milyar kere milyar kere tekrarlasam; yine de tesadüfen bütün soruları doğru bilemez miyim peki?"

Cevap veremiyor. Ama yüzünün öfkeden kıpkırmızı olduğunu görebiliyorum...

"Olmaz! Böyle bir şeyin olacağını sadece geri zekalılar kabul eder!" diyecek olsa; "Tesadüfen kâğıda bile yazılamayan bir kimyasal olay, tesadüfen nasıl gerçekleşebilir ki!?" diyeceğimi iyi biliyor çünkü... "Tesadüfen, kendi kendine resmi bile çizilemeyen bir molekül, tesadüfen nasıl oluşabilir..? Tek bir atomun içine bile giremeyen tesadüfün, şu kâinatın hiçbir yerinde bulunamayacağını.." söyleyeceğimi de iyi biliyor...

"Dışarı çık!" diyor bana. Dışarıya çık ve kapının önünde bekle! Zil çalana kadar da, hiçbir yere gitme..!"

Oturduğum sıradan kalkıp, sınıftan dışarıya çıkıyorum.

Ama kapı dışında, hiç bir zaman sevemediğim okulun loş ve buz gibi koridorlarını göreceğimi zannediyorken; günlük güneşlik bir bahar bahçesi çıkıyor karşıma..

Bir yanda papatyalarla kaplı yemyeşil bir tepecik uzanıyor, bir başka yanda tombul tüylü balarıları, küçük sarı kır çiçeklerini seviyor..

Yanımda bir çınar ağacı duruyor asırlık yaşlı.

Dallarında bir kanarya asil bir neşe ile, aşk şarkıları okuyor...

Üstümdeki masmavi gökkubbede bembeyaz bulutlar geçiyor...

Bir gökkuşağı açıyor göğün göz bebeğinde...

Elim bir gülün kadifeden tenine değiyor...

Şırıltılı bir derecik akıyor tepenin yemyeşil eteklerini ıslata ıslata..

Derede keyifli balıklar yüzüyor; kurbağalar her zamanki tonton halleriyle, nilüfer yapraklarının üzerine çıkmış; günün tadını çıkarıyor...

Gözümün gördüğü her şeyin atomlardan, moleküllerden ve elementlerden nakış nakış yaratıldığını düşünüyorum ve tek bir atomun içinde kendine yer bulamayan tesadüfün, bu muhteşem tablonun hiçbir yerinde zaten olamayacağını çok daha iyi anlıyorum...

Atomlar bana bunu söylüyor...

Ben uyanıyorum aklıma bir ayet geliyor, okuyorum:

"*Göklerde ve yerde ne varsa hepsi Allah'ı tesbih eder*[1]. *Onun kudreti her şeye üstündür, hikmeti her şeyi kuşatır.*"[2]

1- Allah'ı anar...
2- Hadîd Sûresi, Ayet 57

Element Nedir Gerçekten..?

Atomdan maddeye giden yolda moleküllerden sonra uğrayacağımız durak, elementlerdir. Element, şu masamın üzerinde duran kitaba göre 'var olan en basit' maddelerdir.

Fakat, atomlar hakkında az buçuk bilgi sahibi olan herkes, atomlardan yaratılmış hiçbir şeyin basit olamayacağını bilir.

Ben bu tarifi değiştiriyorum. Element, basit falan değildir. Sadece tek bir çeşit atomdan yapılmış maddelerdir.

Mesela, Karbon bir elementtir. Hidrojen bir elementtir, saf altın bir elementtir.

Yeryüzünde en çok bulunan element OKSİJEN'dir. Yeryüzünün neredeyse yarısı Oksijen elementidir. Ondan sonra SİLİSYUM gelir...

KALSİYUM, ALÜMİNYUM, DEMİR de çok bulunan elementlerdendir...

Bildiğimiz elementlerin sayısı yüz kadardır. Elementler, başka elementlerle birleştiğinde, türlü türlü maddeler meydana gelir...

Bilimadamları elementleri üç ana gruba ayırmıştır:

Metaller, Ametaller yani metal olmayanlar ve Yarımetaller..

Metallerin hepsi, cıva hariç oda sıcaklığında katı halde bulunurlar. Elektriği ve ısıyı çok iyi iletirler. Eğilip bükülebilirler, çekilip uzatılabilirler.

Demir, bakır, alüminyum... Benim ilk anda aklıma gelen metallerdir... Siz de üç beş tane sayıverin işiniz yoksa!

Elementlerin çoğu metaldir ama bunlardan sadece Altın, Gümüş, Platin ve Bakır topraktan saf halde çıkarılır. Diğerleri hep bileşik halindedir, bir takım işlemlerle onları ayrıştırmak gerekir... Bu bileşiklere CEVHER denir.

En çok bildiğimiz metal DEMİR'dir. Fakat demir normalde bildiğiniz gibi değildir. Çok daha yumuşaktır. Çabuk kırılır.

Demir cevherleri işlenir ve başka elementlerle karıştırılarak sağlamlaştırılır. Mesela çelik içine çok az miktarda Karbon yada bir takım başka elementler katılmış demirdir aslında...

Ametallerin sayısı 17'dir. Bunların çoğu da gazdır. Oksijen, Hidrojen, Helyum.. birer ametaldir. Karbon, Fosfor, Kükürt, İyot ise katı ametallerdir...

Ametallerden inşaat demiri çıkmaz belki ama, canlılar için çok önemlidirler... Özellikle de KARBON!

Bileşikler

Su bir element midir? 2 Hidrojen ve 1 Oksijen atomundan meydana geldiğine göre değildir. Peki nedir?

Su bir bileşiktir. Elementler birleştiklerinde bileşikler oluşur.

Bir bileşiğin özellikleri, kendisini oluşturan elementlerin özelliklerinden çok farklı olabilir. Az önce örnek olarak verdiğimiz sofra tuzu yani Sodyum Klorür, bir bileşiktir. molekülleri Sodyum ve Klor atomlarından oluşur.

Aklı başında hiç kimse bile bile; ne Sodyum'u ne de Klor'u çorbasına katmak ister. Fakat her masada bir tuzluk vardır...

Bir bileşiğin oluşabilmesi için farklı moleküller arasında kimyasal bir işbirliği olması gerekir. Bu maddeler her zaman belli oranlarda bir araya gelirler. Bu oran hiç değişmez...

Neden Özellikle Karbon?

Eğer ŞU ACAYİP KARBON adıyla bir kitap yazmaya kalksaydım, malzeme bulmak konusunda hiç sıkıntı çekmezdim.

Yeryüzünde en çok bulunan element sıralamasında Karbon 15. falan olur.

Fakat canlılar için çok önemli ve çok özel bir elementtir Karbon.

Peki Karbon'u böylesine özel yapan nedir?

Canlılar büyük oranda Karbon bileşiklerinden yaratılmışladır...

Yani, karbon ile başkaca elementlerin birleşmesiyle ortaya çıkan çeşit çeşit maddelerder....

Bir gergedanın boynuzundan, yumurtanın kabuğuna, balıkların pullarından, dinazorların kemiklerine, ağaçların kabuklarından, hücrele-

rin organellerine kadar her canlı parçasında karbon vardır...

Kâinatta bizim bildiğimiz içinde karbon olan 1 milyonun üzerinde farklı madde bulunuyor...

Kurşunkalem İle Kaşıkçı Elması

Kurşunkalemin adı kurşun kalemdir ama içinde kurşun falan yoktur. İçinde GRAFİT vardır.

Ve Grafit karbondur. Her bir karbon atomu-

nun 3 karbon atomu ile bir araya gelmesi ile oluşur. Molekülleri birbiri üzerinden kolayca kayan altıgen yapılar halindedir. Bu yüzden onu kâğıda sürttüğümüzde, kâğıtta iz bırakır...

Peki kaşıkçı elması ile kurşunkaleminiz arasında çok yakın bir akrabalık olduğunu biliyor muydunuz?

Evet öyledir! Elmas, tıpkı Grafit gibi karbondan yaratılmıştır. Ama yapılarında küçük, çok küçük bir fark vardır. Elması oluşturan moleküllerin her biri 1 karbon atomunun 4 farklı karbon atomuna bağlantı kurması ile meydana gelmiştir.

Bu küçük fark, elması dünyanın en sert maddesi haline getirir. En sert, nadir bulunduğu için de en kıymetli...

Peki "Size hangisi daha çok işe yarar?" diye sorsam ne dersiniz? Grafit mi, elmas mı?

Ben hiç düşünmem, GRAFİT derim...

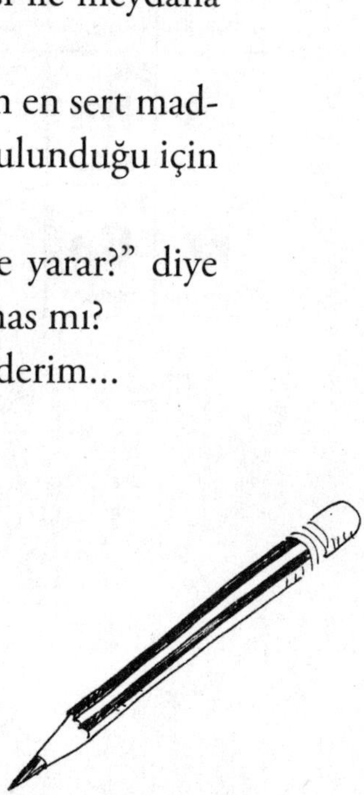

PERİYODİK CETVEL

Bu tablo, bildiğimiz bütün elementleri simgeleri ile (Demir Fe, Kalsiyum Ca, Karbon C gibi..) gösteriyor.

Tablodaki elementler gelişi güzel sıralanmamıştır. Yatay sıralara PERİYOT, dikey sütunlara ise GRUP denir. Aynı grup ya da periyodaki elementlerin benzer özellikleri vardır. Mesela Gruptakilerin atomları, en dış yörüngelerinde eşit miktarda elektron taşırlar... Metallerin, ametallerin ve yarımetallerin yerleri bellidir...

Eğer kâinatı bir kitap gibi düşünürseniz şu an o kitabın harflerine bakmaktasınız...

1 H Hidrojen							
3 Li Lityum	4 Be Berilyum						
11 Na Sodyum	12 Mg Magnezyum						
19 K Potasyum	20 Ca Calsiyum	21 Sc Skandiyum	22 Ti Titan	23 V Vanadyum	24 Cr Krom	25 Mn Mangan	26 Fe Demir
37 Rb Rubidyum	38 Sr Stronsyum	39 Y İtriyum	40 Zr Zirkonyum	41 Nb Niyobyum	42 Mo Molibden	43 Tc Teknetyum	44 Ru Rutenyum
55 Cs Sezyum	56 Ba Baryum		72 Hf Hafnıyum	73 Ta Tantal	74 W Tungsten	75 Re Renyum	76 Os Osmiyum
87 Fr Fransiyum	88 Ra Radyum		104 Rf Rutherfordium	105 Db Dubnium	106 Sg Seaborgium	107 Bh Bohrium	108 Hs Hassium
			57 La Lantan	58 Ce Seryum	59 Pr Praseodimyun	60 Nd Neodim	61 Pm Prometyum
			89 Ac Aktinyum	90 Th Toryum	91 Pa Protaktinyum	92 U Uranyum	93 Np Neptünyum

								2 He Helyum
			5 B Bor	6 C Karbon	7 N Azot	8 O Oksijen	9 F Flor	10 Ne Neon
			13 Al Alimünyum	14 Si Silisyum	15 P Fosfor	16 S Kükürt	17 Cl Klor	18 Ar Argon
i el	29 Cu Bakır	30 Zn Çinko	31 Ga Galyum	32 Ge Germanyum	33 As Arsenik	34 Se Selenyum	35 Br Brom	36 Kr Kripton
d um	47 Ag Gümüş	48 Cd Kadmiyum	49 In Indiyum	50 Sn Kalay	51 Sb Antimon	52 Te Tellür	53 I İyot	54 Xe Ksenon
t n	79 Au Altın	80 Hg Cıva	81 Tl Talyum	82 Pb Kurşun	83 Bi Bizmut	84 Po Polonyum	85 At Astatin	86 Rn Radon
s tium	111 Rg Roentgenium	112 Uub Ununbium						
ı yum	64 Gd Gaddolinyum	65 Tb Terbiyum	66 Dy Disprosyum	67 Ho Holmiyum	68 Er Erbiyum	69 Tm Tulyum	70 Yb İterbiyum	71 Lu Lutesyum
n yum	96 Cm Küriyum	97 Bk Berkelyum	98 Cf Kaliforniyum	99 Es Einsteinyum	100 Fm Fermiyum	101 Md Mendelevyum	102 No Nobelyum	103 Lr Lavrensyum

En Sevdiğim Molekül: H_2O

İNSAN bir molekülü sevebilir mi? Sevdiğimiz bütün maddelerin moleküllerden oluştuğunu düşünürsek; insan bir molekülü pekala sevebilir; hatta aşık bile olabilir!

Benim en sevdiğim molekül, H_2O'dur.

Yeryüzündeki, kimi ekilmiş, kimi serpilmiş, kimi yerden bitirilmiş, kimi gökten indirilmiş, kimi toprağın karnında, kimi ağacın dalında pişirilmiş; renk renk, tat tat, şekil şekil, koku koku, boy boy onca nimetin yanında, H_2O'nun apayrı bir yeri vardır çünkü...

Siz H_2O'yu bilir misiniz?

Benim çocukluğumda, pazar günleri Fiko'nun kahvehanesinin önüne, postu seren, ağzı dili kurudukça da, "Fikoooo! Yandık olum getir bi Haşikio soğuk ossun!" diye bağıran bir Mahmut Abi vardı...

Ben bacak kadar çocuktum, haşikio'nun su olduğunu bilirdim. Fakat iki tane HİDROJEN ile bir tane OKSİJEN anlamına geldiğini, sonradan öğrendim...

Mucizenin Kod Adı: H_2O

Bir su molekülü 2 Hidrojen atomu (H_2) ile bir Oksijen (O) atomunun birleşmesinden meydana gelir. Fakat bu, basit bir iş değildir.

Bir tutam Hidrojen alsak ve bir tutam Oksijen ile aynı kabın içine koysak, su elde edebilir miyiz acaba?

Eğer yeterince vaktiniz varsa belki bir iki damla suyunuz olabilir?

– Ne kadar yeterince?

– 1000 sene, bilemedin 2000 sene kadar!!!

İki Hidrojen atomu ile bir Oksijen atomunun birleşmesi aşağıda gösterildiği kadar kolay ve basit bir olay değildir...

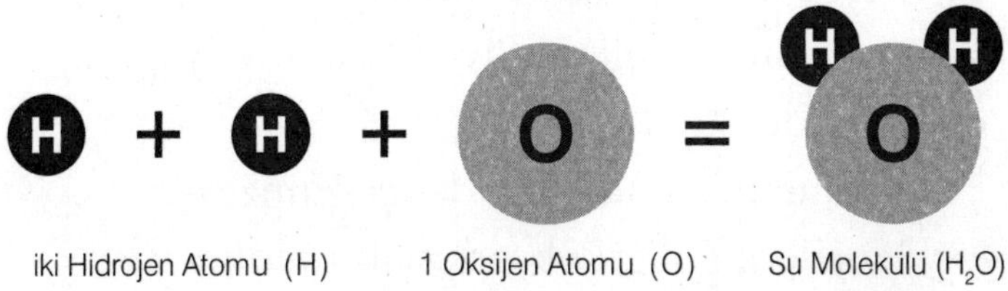

Her şeyden önce bu bir birleşme değil, çarpışmadır; bir atom çarpışması!

Normal şartlarda Hidrojen ve Oksijen atomları ikişer ikişer gezinirler. Yani H_2 ve O_2 olarak...

Bunların çarpışıp birleşmesi ve ortaya suyun çıkması için çok çok büyük bir sıcaklık gerekmektedir. Ve şu anda yeryüzünde böyle büyük bir sıcaklık yoktur!

Peki nasıl oluyor da yeryüzünde bu kadar çok su bulunuyor? Bunca su nereden ve ne zaman geldi dünyamıza?

Bir zamanlar dünya şimdiki dünya değildi, su moleküllerinin oluşabilmesine yetecek sıcaklıkta bir ateş deniziydi...

Ve Allah, yeryüzünü, insanlardan karıncalara, kelebeklerden mavi balinalara kadar çeşit çeşit canlı için sevimli ve güvenli bir yuva yapmayı dilediğinde, suyu yarattı...

İşte bugün susadığımızda içtiğimiz su,

Denizleri, gölleri okyanusları dolduran su,

Nehirlerle, derelerle, dağları tepeleri, koyu yeşil gölgelikli vadileri aşıp çağlayan su,

Bazen yağmur, bazen kar bazen de dolu olup üzerimize yağan su,

Tertemiz bir sabah, bir yaprağın üzerinde pırıl pırıl ışıldayan ve minicik bir karıncanın yüzünü gözünü yıkadığı çiy tanesi olan su,

Alnımızdan ter, damarlarımızdan kan, gözümüzden yaş olarak akan su,

Karpuzun içinde tatlı, limonun içinde ekşi, üzümün içinde leziz su,

Portakalda turuncu, vişnede kırmızı su,

Dünyanın şimdiki gibi bir Dünya olmadığı, o zamanlarda yaratıldı...

Almanlar 1936 yılında bir Zeplin yaptılar. Zeplin aslında dev bir uçan balondu. İçi havadan çok daha hafif bir gaz olan Hidrojen ile doluydu. Böylece uçabiliyor ve yüzlerce kişiyi taşıyabiliyordu. Fakat Hidrojen son derece yanıcı bir gazdı. **LZ 129 Hindenburg** adındaki bu dev uçan balon, ilk seyahati sırasında minicik bir kıvılcım yüzünden saniyeler içinde, 36 kişiyi yakıp yutacak dev bir ateş topuna dönüştü.. İnsanlar Hidrojen balonları ile seyahat etmenin hiç de tekin bir yol olmadığını böylece anlamış oldular... Bu derece yanıcı bir gaz olan Hidrojen'in, Oksijen ile birleştiğinde, her türlü ateşi söndüren suyun ortaya çıkması ne kadar ilginç ve acayip bir şey değil mi?

Şaşırtıcı Su Molekülü

Hidrojen yanıcı bir gazdır. Oksijen ise yakıcı! Yani Hidrojen yanar, hem de yanmak için adeta fırsat kollar! Oksijen ise, yanmayı sağlar. Oksijenin olmadığı yerde hiçbir şey yanmaz.. Bir kibrit bile.. 2 Hidrojen ve 1 Oksijenden oluşan su yani H_2O ise, hepinizin bildiği gibi, ne yanar ne de yakar. Tam tersi, su söndürür!

Su Akar Ama Niçin Akar?

Çeşmeyi açarsınız ve su akar.. Peki ama niçin akar? Her şeyin atom adı verilen ve bu kitabın başından beri size anlatmaya çalıştığım o olağanüstü, akılalmaz taneciklerden oluştuğu bir evrende, hiçbir şeyin sıradan ve basit olamayacağını, hiçbir olayın kendi kendine tesadüfün gerçekleşmeyeceğini, hiçbir özelliğin rastgele kazanılmadığını artık anlamış olmalıyız...

Evet su akar! Ve suyun böyle akışkan bir madde olması onun yaratıldığı ilk günden beri yapısına katılmış bir özelliktir...

Su molekülleri birbirine Hidrojen bağı ile bağlanırlar. Hidrojen bağı ise ömrü çok kısa bir bağdır. Saniyenin yüz milyarda biri kadar bir süre bağlı kalır sonra ayrılırlar. Fakat aynı anda hemen yeni bir bağ oluşur.

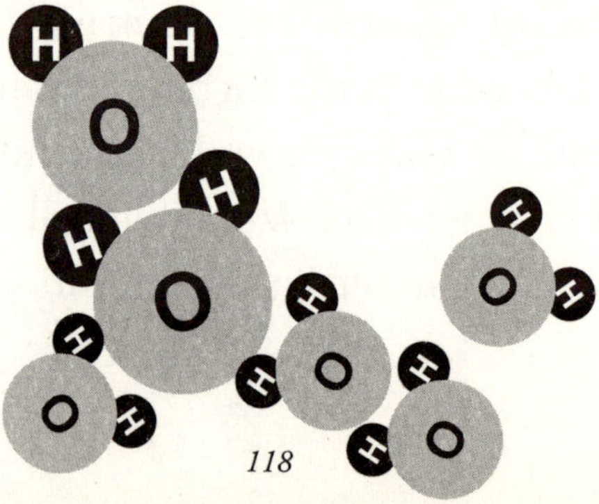

Böylece su, oda sıcaklığında "Püf!" diye gaz olup uçup gitmez. Mesela, çakmağın içindeki gaz sıvıdır. Fakat dışarıya çıkmanın bir yolunu bulursa uçar gider. Suyun da böyle olduğunu bir düşünsenize!

Su gaz olup uçmadığı gibi, katı bir maddenin molekülleri gibi, Hidrojen bağının çok kısa ömürlü olması sebebi ile, birbirine sıkı sıkı tutunup da kalmaz. İşte suyun bu özelliği sayesinde biz onu çeşmeden bardağa doldurabilir, sonrada lıkır lıkır içebiliriz. Çünkü su, akışkandır.

Eğer Hidrojen bağları daha uzun ömürlü olsalardı su bu kıvamda bir akışkanlığa yani akma özelliğine sahip olmayacaktı...

Üstelik suyun bu akışkanlık derecesi öyle hassas bir şekilde ayarlanmıştır ki, eğer daha az olsaydı, hayat ya olmazdı, ya da şimdiki gibi bir hayat olmazdı...

Su Akar Ama Nasıl Akar?

Zeytinyağı akar, motor yağı akar, mürekkep akar, bal bile yolunu bulsa kendine göre akar ve tabii ki su da akar. Her sıvının kendine göre bir akışkanlık derecesi vardır.

Su eğer zeytinyağı kıvamında aksaydı, her şeyden önce onu lıkır lıkır içmek, şimdiki kadar kolay olmazdı. Ama iş bununla kalsa iyi, kalbimiz, %95'i su olan kanımızı vücudumuzun en ince damarlarına kadar pompalamak için çok daha fazla çalışacak ama yine de kılcal damarlar, kansız kalacaktı.

Su, tam da bizim onu içebileceğimiz kıvamda akar..

Bu, tam da kanımıza karıştığında kalbimizin onu en ince kılcal damarlarımıza kadar pompalayabileceği kıvamdır...

Aynı zamanda, metrelerce yükseklikteki ağaçların kılcal damarlarından süzüle süzüle milyarlarca yaprağın fotosentez yapan hücrelerini dolduracak kıvamdır...

Aynı zamanda karıncaların içebileceği, aynı zamanda mavi balinaların yüzebileceği kıvamdır...

Suyun Buzzzzzz Hali

H_2O'nun şaşırtıcı özellikleri bitti mi sizce?

Hayır, bitmedi!

H_2O kelimenin tam anlamıyla mucizedir..

Bildiğimiz bütün maddelerde katılar sıvılardan daha yoğundur. Mesela erimiş ve sıvı hale geçmiş bir metalin içine aynı metalin katı halinden parçalar atsanız, attığınız parçalar hemen dibe çöker

Ama suyun içine buz attığınızda, buz dibe çökmez!

Peki ama neden? Taş gibi katı olan buzun, suyun sıvı halinden daha ağır olması ve dibe çökmesi gerekmez mi?

Su donup buz olduğunda sıvı halden daha hafif olur. Çünkü, donmak üzere olan su moleküllerindeki Hidrojen bağları hemen ilk bulduğu moleküle tutunur. Ama aralarındaki boşluk çok fazladır. Böylece donup kalırlar. Boşluk fazla olduğu için donmuş su, sıvı sudan daha hafif ve hacimce daha geniş olur. Donan su, aynı miktarda donmamış sudan 10 kat daha fazla yer kaplar. Buzlukta unutulan su şişelerinin, içlerindeki su donduğunda çatlayıp patlamaları da bu yüzdendir. Donan su, genişler...

Genişler ama yoğunluğu daha az olduğu için sıvı haldeki sudan daha hafif olur. Bu yüzden de buz parçaları, bardağın üstünde, buz dağları denizin üzerinde yüzerler.

Şimdi aklınıza şöyle bir soru geliyor değil mi: "Ha dibe çökmüş ha üstünde yüzmüş ne fark eder?"

Eğer bir bardak sudan bahsediyor olsaydık, elbette hiçbir şey farketmezdi. Ama derelerden, göllerden, denizlerden ve okyanuslardan bahsediyorsak, çok şey farkederdi!

Kış gelip havalar soğuduğunda, akarsular, göller ve kutup bölgelerindeki denizler donar...

Eğer donan su, öteki sıvılarda olduğu gibi daha ağır olsaydı ve buz parçaları suyun dibine doğru çökseydi, kısa bir süre sonra göl, deniz ya da nehir tabanı buz ile kaplanacak, suyun ısısı hızla düşecek ve tabandaki buz tabakası giderek yükselecekti.

Bu, suda yaşayan milyarlarca canlının kısa bir süre içinde ölmesi demektir...

Oysa donan buz yüzeye çıkar. Bir süre sonra yüzey tamamen buzlarla kaplanır. Aşağısı ise dışarısının soğukluğundan üzerini kapatan buz tabakası sayesinde korunur.

Suda yaşayan canlılar soğuk kış mevsimini böylece üzerlerinde buzdan bir battaniye ile rahatça geçirirler...

Gördüğünüz gibi H_2O gerçekten de olağanüstü özelliklerle yaratılmış bir molekül..

İşin ucu, nerelere kadar vardı değil mi?

Bildiğimiz su, hiç de bildiğimiz gibi değilmiş meğer...

Müdür
Müdür
müdür
MÜDÜR
Müdür

“Madde Madde Madde”

ÇOK ARADIM! ÇOK ARAŞTIRDIM ama sonunda buldum! “Müdür müdür müdür?” den sonra, aynı üç kelimeden oluşan tek bir cümle daha buldum!: “Madde madde madde”

“Bu ne anlama geliyor” mu dediniz?

Canım ortada değil mi?

“Madde madde madde” işte!

Hani konumuz atom ya! Madde de atomlardan oluşuyor ya! İşte şimdi size atomlardan oluşan maddeyi, madde madde anlatacağım...

Daha doğrusu maddenin acayip hallerini...

Fakat önce bir konuda anlaşalım. Sizce maddenin kaç değişik hali vardır?

– Üç elbette!

– Sayınız!

– Katı-Sıvı-Gaz!

– Pek güzel ama eksik!

– Hadi ya!

– Yaaa..!

Araştırmacı karıştırmacı bilim insanlarına göre maddenin Katı-Sıvı-Gaz hallerinden başka şu an için bildiğimiz yirmiye yakın farklı hali de, bulunmakta...

– Ay bana bir haller oluyor!

– Dur aman! Heyecanlanma. Böyle durumlarda metin olmak lazım. Biz bu kitapta sadece üç-dört tanesinden bahsedeceğiz. Diğerlerinin ismini söyleyip geçeceğiz...

– Pek güzel! Pek güzel! Bana bir bardak su verebilir misiniz mümkünse? Ağzım dilim kurudu birden..

– Vereyim de, hangi halde istiyorsun suyunu yavrucuğum? *Katı* mı *sıvı* mı *gaz* mı? Yoksa *sıvı kristal* hali mi, *amorf katı* halinde mi, *manyetik*

düzenli halde mi, *süperiletken*, *süperakışkan* ha!?

Rydberg molekülü tarzı sana uyar mı peki? Belki de, *Bose-Einstein usülü yoğunlaşmış* veyahut *plazma*! Plazma istersen elimizde iki farklı model mevcut yalnız: Normal plazma, yani bildiğin, bir de *kuark-iyon tarzı plazması*...

Bunlar da uymazsa, *dejenere madde*, *süperkatı*, *sicimsi sıvı*.. bir de *süpercam* abicim! Hadi gözünü seveyim seç bi tanesini...

– Abi yer mi kayıyo yoksa...

– Yok ama, senin rengin biraz attı, yeşile doğru döndü sanki...

1. MADDE: Maddenin KATI Hali

Bir maddenin katı halde olup olmadığını anlamanın iki yolu vardır.

Bunlardan bir tanesi, katı olup olmadığından şüphe edilen madde ile, bilim aşkı ile yanan bir gönüllünün kafasına vurmaktır.

Bu deney sonunda, şüpheli katı madde önemli bir değişiklik göstermemişse katıdır. Daha fazla uğraşmayın. Deneyi derhal sona erdirip, hemen en yakın hastahanenin acil servisine koşun!

Çünkü gönüllü bilim insanı, eve bu halde giderse, annesi onu tanıyamayabilir... Daha da fenası; çarpmanın etkisi ile, onun da annesini tanıyamayacak olmasıdır...

Bir maddenin katı halde olup olmadığını anlamanın ikinci yolu, birinci yoldan pek farklı değildir. Burada deneye konu edinilen madde kafaya göze indirilmez; kafa, olduğu gibi o maddeye bodoslama geçirilir... Bir nevi *tos* vurulur!

Neticede, madde sağlam ve kafada göçükler oluştuysa, madde kesin katı halde demektir.

Eğer ezilme büzülme, göçme ve dağılma, kafada değil de, maddede meydana geldiyse, katı hatta kaskatı halde olanın gönüllü bilim insanının kafası olduğu ortaya çıkar ki, bana sorarsanız böyle bir deneye gönüllü olduğu için, bu pek şaşırtıcı bir sonuç sayılmaz..!

Çok önemli not: Lütfen bu deneyi evde denemeyiniz. Hatta okulda da denemeyiniz. Mümkünse hiç denemeyiniz!

Evet, şimdi asıl sorumuzu soralım: Bir madde neden katıdır?

Katı, sıvı ya da gaz.. Bütün maddeler atomlardan yaratılmıştır. Ancak, maddelerin elle tutulur, gözle görülür ve hissedilir bu özellikleri kazanmaları onları oluşturan atomların, daha doğrusu moleküllerin birbirlerine olan bağlılıkları ile ilgilidir...

Katı maddeler, mesela taş, demir, tahta.. bir şekle sahiptir. Su gibi içine girdikleri kabın şeklini almazlar, yağ gibi akıp gitmezler.

Fakat un, pirinç, şeker, tuz gibi şeyler içine girdikleri kabın şeklini alırlar ve delik bir çuvaldan şekerin dökülmesi gibi akabilirler. Onlar katı değil midir peki?

Kesinlikle onlar da katı maddedir! Fakat çok küçük parçalardan oluştukları için sıvılara özgü bir takım davranışlar gösterebilirler...

Bu küçük ayrıntının sizi şaşırtmasına izin vermeyin...

Katı maddelerde moleküller birbirleriyle çok yakın ve çok sıkı bir bağ içindedirler. Katıların molekülleri ve atomları oldukları yerde titreşirler ama yer değiştirmezler.

Bir katı maddeyi yeterince ısıtırsanız, atomları daha hızlı haraket etmeye başlar. Sonunda bu hareket o kadar artar ki, aralarındaki sıkı bağ kopar. İşte biz buna dışarıdan baktığımızda ERİME deriz...

Siz belki bir demirin eridiğini göremeyebilirsiniz ama, suyun katı hali olan buzun eridiğini görebilirsiniz... Elbette buz, demire oranla çok çok çok daha az bir sıcaklıkta kendini koyverir ve erir. Yani molekülleri azıcık sıcaklık görse gevşeyip ayrılır...

Eğer demir ya da öteki metaller, bu derece sağlam yaratılmamış olsalardı; ne tencerede yemek pişirebilirdik, ne de otomobil yapabilirdik...

Nohuttan önce pişen bir tencere ile, güneşin altında mum gibi eriyen bir otomobil, kimsenin işine yaramazdı çünkü...

2. MADDE: Maddenin SIVI Hali

Şimdi benden bir maddenin sıvı olup olmadığını anlama konusunda az önceki gibi bir deney yumurtlamamı bekliyorsanız hayal kırıklığına uğrayacaksınız demektir.

Fakat şu kadarını söyleyeyim:

Bir cam kavanozun içindeki maddenin sıvı olup olmadığını dışından anlayamıyorsanız, kavanozun kapağını açın ve içindekini yere dökün!

Dökülüyorsa kesin sıvıdır! Fakat şimdiden söyleyeyim, kavanozdaki zeytinyağı ise ve onu salonun ortasına döktüyseniz, bu aklı size ben vermedim ona göre!

Yani sopayı tek başınıza yiyeceksiniz. Muhtemelen de, katı bir cisim olan terliğin topuk kısmısının yardımı ile...

Evet, sıvıların bir şekli yoktur. Hangi kabın içine girerlerse onun şeklini alırlar.

Peki sıvılar neden böyledir?

Sıvıları oluşturan atomlar, katıları oluşturan

atomlar kadar sağlam bağlarla birbirine yapışmış değillerdir.

Moleküller birbirlerinin üzerinden kayarak geçip gidebilirler; fakat bütün bütün ayrılmayacak kadar da sıkı tutunacak şekilde yaratılmışlardır.

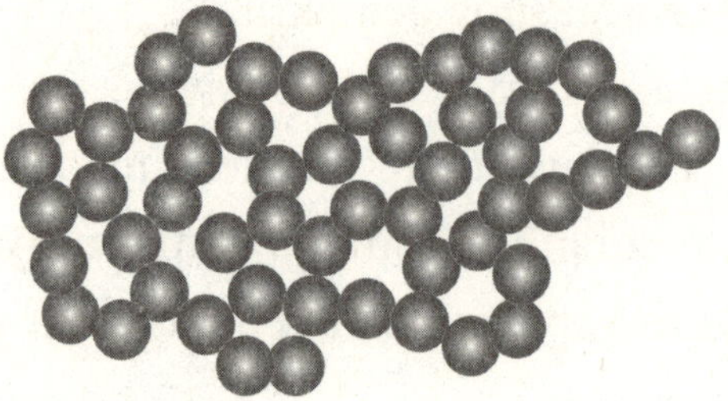

Sıvılar ısındıkça, katılardan çok daha kolay bir şekilde atom ve molekül bağları birbirinden ayrılır. İşte bizim dışarıdan bakıp, BUHARLAŞMA dediğimiz şeyin aslı astarı kabaca budur.

Eğer kâinatta böyle bir kanun olmasaydı...

Yo hayır! Bunu düşünmek bile istemiyordum. Hadi yağmur yağmazdı falan da.. Asıl önemlisi ıslak çamaşırlarımızı, hayatımız boyunca ıslak olarak giyerdik! (Ben öğretmen olsam, bunun sebebini en güzel anlatan öğrencime, sağlamından bir not çakardım!")

3. MADDE: Maddenin GAZ Hali

Gazları oluşturan atom ve moleküller ise tam anlamı ile "saldım çayıra Mevlam kayıra" mantığı ile hareket ederler. Birbirleriyle öyle sıkı fıkı bir bağları yoktur. Depolandıkları yerden bi fırsatını buldular mı artık tut tutabilirsen! Her biri bir tarafa uçar gider..

Gazları oluşturan atomlar çok hızlı hareket ederler. Her saniye ciğerlerimize çektiğimiz hava bir gazdır...

Şimdi size bir soru:

Yeterince ısınan bir katı sıvıya dönüşür, yeterince ısınan bir sıvı gaza dönüşür peki bunun tersi olmaz mı?

Elimize bir parça buz alalım ve onu ısıtalım. Kısa bir süre sonra katı madde sıvı maddeye dönüşür. Isıtmaya devam edersek sıvı da buhar olur. Yani maddenin gaz haline geçir. Eğer bu buharı odanın içine dağıtmaz ve bir kabın içinde toplamayı becerirsek, soğuduğunda tekrar sıvı hale geçtiğini görürüz. Bu sıvıyı da buzluğa koyarsanız donar ve yine eski haline döner yani katı haline..

4. MADDE: Maddenin PLAZMA Hali

Yeterince ısınan bir katı sıvıya dönüşür, yeterince ısınan bir sıvı gaza dönüşür peki yeterince ısıtılan gaza ne olur?

Bir gazı yeterince ama gerçekten yeterince ısıtırsanız, onu oluşturan moleküller atomlarına ayrılır. Daha sonra atomlar ile elektronlar birbirinden ayrılırlar. Bu maddenin 4. halidir. Adına da PLAZMA denir.

Gökyüzünde gördüğümüz yıldızlar—Güneş dahil—maddenin plazma halindedirler.

Kainattaki bütün maddenin %99'u plazma halindedir aslında...

Isı ve Sıcaklık

HAYIR! Kafanızı karıştırmak, isteyebileceğim en son şey! Ama bunu söylemek zorundayım. ISI ve SICAKLIK farklı şeylerdir.!

Bir maddeyi oluşturan atomlar ve moleküller, hiç kıpırdamadan yan yana duran minicik tanecikler değildir! Bunu artık hepimiz anlamış olmalıyız. Demokritus'tan bu yana çok şey öğrendik...

Maddeleri oluşturan moleküller ve molekülleri oluşturan atomlar sürekli kıpır kıpır oynaşan, sallanan titreşen parçacıklardır.

İşte bu titreşmeye, sallanıp oynaşmaya ISI adı verilir...

Titreşmeler artıkça ISI da artar... Ve her maddenin bir ısısı vardır; buzun da, odunun da, demirin de, plastiğin de...

SICAKLIK dediğimiz şey ise, bu titreşen atomların ne kadar hızlı titreştiklerini gösteren bir ölçü birimidir sadece.

Bir maddenin ısısı arttıkça sıcaklığı da artar. Ama bu, ısı ile sıcaklığın aynı şey olduklarını göstermez.

Şimdi bu karışık durumu daha iyi anlamamız için bir örnek verelim:

Soru: Buz sıcak mıdır?

Cevap: Hayır!

Soru: Peki buzun bir ısısı var mıdır?

Cevap: Evet!

Soru: Anladınız mı?

Cevap: Hayır!

O zaman konuyu biraz daha açalım:

Buz, sıcak değildir. Ama bir ısısı vardır. Buzu oluşturan atomlar titreşirler, kıpraşırlar, oynaşırlar, hareket ederler... Elbette kaynayan bir suyun atomları kadar değil! Ama tamamen de hareketsiz değillerdir.

Şimdi küçük bir deney yapalım ve ISI ve SICAKLIK arasındaki farkı daha iyi anlayalım:

Ellerinizi birbirlerine sürtün!

Sürtün! Sürtün! Biraz daha sürtün!

– Ne hissediyorsunuz?

– Sıcaklık!

– Doğru, çünkü kelimenin tam anlamıyla avuç içleriniz ısındı.

– Peki ama neden? Ortada yanan hiçbir şey yokken, avuç içlerimiz neden ısındı?

Sürtünme, avuç içlerinizdeki atom ve moleküllerdeki titreşimleri artırdı da o yüzden!

Atom ve moleküller eskisinden daha çok titreşmeye, kıpırdanmaya başladı. Böylece ISI ortaya çıktı. İşte ortaya çıkan bu ISI'yı, biz SICAKLIK olarak hissederiz.

İnsanlar binlerce yıl, kuru dal parçalarını, sabırla birbirlerine sürterek ateş yaktılar.

Bugün bile, bir takım Amazon yerlileri ve Afrika kabileleri bu yöntemi ustaca kullanmaya devam ederler.

Özellikle de, çakmağını nerede düşürdüğünü bilemeyen yerliler...

Çay Bardağı Elimizi Neden Yakar?

Isı bir enerjidir. Sıcak bir madde, soğuk bir madde ile temas ettirildiğinde, sıcak maddedeki ısı enerjisi, soğuk maddeyle paylaşılır.

Sıcak maddenin atomlarındaki titreşim, soğuk maddedeki atomlara yayılır.

Böylece her iki madde de, aynı oranda ısı enerjisine sahip olur.

Sıcak bir şeye dokunduğumuzda elimiz bu yüzden yanar!

Dokunduğumuz maddenin mesela sıcak çay bardağının ısı enerjileri yüksek, yani titreşimleri fazla atomları ve molekülleri, elimizin canlı dokularını oluşturan atom ve moleküllerini de titreştirmeye başladığında; ısı enerjisi elimize aktarılıyor demektir.

Bu durumda elimiz ısınır.

Eğer ısı alışverişi kesilmezse ve dokunduğumuz şey, çok sıcak bir şeyse, bir süre sonra da yanar...

Elimizi yakan işte bu ısı alış verişidir. Sıcaklık değildir; sıcaklık hissettiğimiz şeydir.

Buz Parçası Elimizi Neden Üşütür?

Bunu ben söylemesem, siz sanırım tahmin edebilirsiniz. İsterseniz bir süre kitabı kapatın ve düşünün, "Neden bir buz parçasına dokunduğumuzda elimiz üşür?"

Bir buz parçasına dokunduğumuzda az önce anlattığım olaylar tersine işlemeye başlar.

Isı parmağımızdan buza doğru akar. Parmağımız ısı kaybederken, buz ısınır. Isısını kaybeden parmağımız da üşür. Ve biz, "Buz ne kadar da soğuk" deriz.

Gördüğünüz gibi sadece SICAK değil, SOĞUK da ISI ile ilgilidir...

Isı ile sıcaklık arasındaki farkı sanırım şimdi tam olarak anladınız...

Tahta Neden Sıcak, Demir Neden Soğuk?

Oda sıcaklığında bir tahta kaşık bir de metal kaşık aynı sıcaklıktadır. Ama bir yanağınıza tahta kaşığı öteki yanağınıza metal kaşığı değdirdiğinizde metal kaşık bize daha soğuk gelir.

Peki ama neden?

Aslında metal kaşık daha soğuk değildir!

Sadece ISI ENERJİSİNİ tahtaya göre çok daha iyi bir şekilde iletebildiği için, onu yanağınıza değdirdiğinizde yanağınızdaki ısıyı alır ve biz ısısı alınmış yanağımızda bir serinlik hissederiz...

Nasıl? Fen ve Teknoloji ya da Fizik, Kimya oldukça ilginç ve eğlenceli bir şey değil mi?

İnsan böyle şeyleri öğrendikçe, çevresindeki en basit olayın bile aslında hiç de basit olmadığını farkediyor?

İşin doğrusu atom hakkında buraya kadar anlattığımız şeyleri az çok bilen hiç kimse, artık çevresine boş gözlerle bakamamalı..

Her gördüğü şeyin, her şahit olduğu olayın (Sofranıza konan bir tas sıcak tarhana çorbası mesela) sayısız mucizelerin ard arda sıralanmasıyla ortaya çıktığını bilebilmeli bence..

En azından arada bir hissetmeli..

Acayip bir alemde yaşıyoruz ve acayip, garip demektir, olağanüstü demektir, mucize demektir...

Atomların Isısı Hiç Bitmez mi?

Atomların ve moleküllerinin ısı enerjilerinin bitmesi demek, tamamen hareketsiz olmaları hiç titreşmemeleri, kıpırdamadan durmaları demektir.

Böyle bir şeyin olması için onlar akıl almaz bir dereceye kadar soğutulmalıdırlar.

Su 0 derece sıcaklıkta donar.

–39 derece sıcaklıkta termometrelerin içindeki cıva donar.

– 89 derece yeryüzünde tesbit edilebilmiş en soğuk havadır.

– 196 derecede hava sıvı hale gelir.

– 219 derecede hava donar.

– 270 derece, uzayın sıcaklığıdır.

– 273 derece erişilemez bir sıcaklıktır (Acaba "soğukluk" mu deseydim??) Eğer atomlar bu dereceye kadar soğutulabilirse artık hareket etmeyi bırakırlar. Bu 0 noktasıdır. Atomlar bu noktadan sonra, birbirlerine yapışıp tek bir atom halini alırlar.

Bu tuhaf durumun bilim dünyasında, afilli bir de ismi vardır: *Bose-Einstein Yoğunlaşması...*

Ama bu üşüyen penguenlerin birbirlerine sokulmaları gibi, pek görülebilecek bir durum değildir... Hatta bu dereceye ulaşmak mümkün bile değildir. O yüzden çok kafaya takmayın, sordunuz diye söyledim...

Kışın Soğan Modası

Isı ve sıcaklık hakkında bu kadar ince şeyi öğrendikten sonra insan soruyor tabiatıyla! Soğuk havalarda kalın mı giyinelim yoksa kat kat mı giyinelim? Bence bu sorunun cevabını en iyi anneler bilir. Hava soğuk mu? Üzerinize ne geçirirseler onu giyin, dışarıya çıktığınızda bir patates çuvalına benzeseniz bile...

Ama yine de işin "bilimsel" bir yanı var...

Bilim adamları, çok kalın ve bir kat giyinmektense, ince ama kat kat giyinmenin daha doğru olduğunu söylüyorlar. Çünkü katlar arasında hava tabakaları oluşur. Bu da vücut ısımızı korur...

Çünkü hava en kötü ısı iletkenidir. Yani ısıyı iletmek konusunda havadan tembeli yoktur.

Peki neden? Hava molekülleri birbirlerinden katılara ve sıvılara göre çok uzakta olduğu için ısı enerjisini aktarmaları daha yavaş olur.

O yüzden giysilerimiz, dışarıdaki soğuk hava ile vücudumuz arasında bir hava tabakası oluşturuyorsa, soğuktan çok daha iyi korunuruz...

Ben size anneler bilir dememiş miydim..?

Unutmadan söyleyeyim, bu giyim tarzının bir de adı var: "SOĞAN MODELİ..."

Soru: Termoslar içlerine konan sıcak suyu nasıl bu kadar uzun süre sıcak tutabilmektedirler?

Cevap: Ben bu sorunun cevabını vermeyi ne kadar çok isterdim! Fakat yerim bitti. Başka konuya geçmem gerekiyor. Size küçük bir ipucu vereyim gerisini aranızda halledin: Termosların içinde havası boşaltılmış bir bölüm vardır..!

"Sesim Geliyor mu?"

GELİYOR! GELİYOR! Hem de çok net geliyor! Peki ama nasıl geliyor?

Siz ne zannediyordunuz? Bütün hayatınızı bu soruyu hiç sormadan geçirebileceğinizi mi zannediyordunuz yoksa?

Artık çok geç! Bundan sonra yazılanları hiç okumasanız bile, hayatınızın sonuna kadar duyduğunuz her kuş sesiyle birlikte, kulaklarınızda bu soru çınlayacak...

İşittiğiniz her güzel şarkının tatlı nameleri arasında aynı soru size el sallayacak!

Anneniz size her seslendiğinde...
Bir araba korna çaldığında...
Arkadaşınız "Merhaba birader!" dediğinde...
Bir kısrak kişnediğinde...
Bir arı vızıldadığında...
Bir dalga kayalıklara çarptığında...
Bir bebek ağladığında...
Pırıltılı yaz gecelerinde, yaşlı meyve ağaçlarının dalları arasında, bir ağustos böceği türkü söylediğinde...
Bir kapı çarptığında...
Bir rüzgar uğuldadığında...
Bir gök gürlediğinde...
Bir hafız, Kur'an okuduğunda...

Hep aynı soruyu soracaksınız... Bu ses benim kulaklarıma kadar nasıl geliyor?

Onu benim kulak zarıma kadar getiren nedir? Hangi köprülerden, hangi yollardan geçiyor, hangi borulardan akıyor, hangi bineklere biniyor... Koşuyor mu ses, yürüyor mu, uçuyor mu yoksa...

Ses geliyor tamam da? Nasıl geliyor?

En iyisi hemen bir cevap bulmak...

Bütün Sesler Havadan!

1600'lü yıllar falandı. Ve bugünkü Avrupa'da pek çok bilim adamı, türlü madenleri altına çevirmek için *kibritiahmer*, *davul tozu* ve *güherçile* kokan simyahanelerinde boşu boşuna ter dökmekteydi.

"Şüpheci Kimyager" *Robert Boyle*'nin de uzaktan bakıldığında onlardan pek bir farkı olmadığı sanılabilirdi. Fakat *Boyle*, öyle değildi, çok kafalı adamdı, bu kesin!

Bir ara kafayı, havası tamamen alınmış ortamlara, canlı cansız varlıkların nasıl tepki vereceğine taktı ve bu konuda pek çok deney yaptı.

Bu deneylerden birinde, köstekli saatini bir ipin ucuna bağlayarak, havasını almayı düşündüğü cam kabın içine sallandırdı. Saat tıkır tıkır çalışıyor ve tıkırtısı da, dışarıdan rahatça duyuluyordu.

Sonra, kabın içindeki havanın boşaltılmasına geldi sıra.. Bir pompa ile kabın havası bir güzel alındı. Saat hâlâ çalışıyordu. Bunu akrep ve

yelkovanın hareketine bakan herkes görebilirdi, fakat sesi çıkmıyordu.

Boyle'nin havası alınmış cam bir kutunun içine koyduğu saatte görüntü vardı, fakat ses yoktu. Bu ne demekti? Hava yoksa, ses de yok demekti!

İnsanlar konuşa konuşa anlaşabiliyor ise bu, havaya, sesi aktarma özelliği verildiği içindi.

Hava Yoksa, Ses de Yok! (İyi ki de Yok!)

HAVANIN, sesi iletebilme özelliği ile yaratılmış olması bizler için ne büyük bir nimet ise, sesin havasız—daha doğrusu boş—ortamlarda yayılmaması da, o kadar büyük bir nimettir!

Çünkü bu sayede, hemen tepemizdeki dev Güneş fırınının yanması sırasında çıkan sesleri ve o korkunç güneş patlamalarının hiçbirini duymayız.

Güneş'in ısısı ve ışığı bize ulaşır ama sesi ulaşmaz! En dandik bir kömür sobası bile yanarken dünyanın gürültüsünü çıkarır! Siz bir de Güneş'in, sesinin—ısı ve ışığı gibi—bize ulaştığını bir düşünsenize! Bütün ömrümüzü, *Toros Ekspresi* ile Konya Ovası'ndan geçiyormuşuz gibi, bitmek tükenmek bilmeyen bir gürültü içinde sürdürecektik!

Gökyüzü, içinde olup biten onca devasa olaya rağmen sessiz ve pırıl pırıldır...

Ne Güneş'in sesini duyarız, ne Ay'a düşen meteorların.. ne de, ihtişamlı eteklerini sürüye sürüye gelip geçen kuyruklu yıldızların.. Ne de, derin uzaydaki korkunç süpernova patlamalarının....

Bize Güneş'in ısısı ve ışığı, Ay'ın ve yıldızların ise gecelerimizin koyu lacivert ve kadife teninde pırıldayan güzellikleri ulaştırılır sadece...

Allah, onların seslerini duyurmaz bize.. Çünkü ses dalgalarını, havasız ve boş ortamlarda yayılmasına izin vermez...

Aslında Ses Nedir?

Keman yayı, kemanın tellerini, davul tokmağı davulun derisini, ağzımızdan çıkan nefes, ses tellerimizi titreştirir. En basit tarif ile ses, bu titreşimdir.

Bir davulcu elindeki tokmak ile davuluna vurduğunda önce davulun deresi titrer ve titreme suya düşen bir taş gibi dalga dalga çevreye yayılır... Havadaki atom ve moleküller bu titreme enerjisini alıp birbirlerine naklederler. Bu iş saniyede 340 metre gibi bir hızla gerçekleşir. Buna ses hızı denir.

Ses suyun içinde daha hızlı yayılır. Çünkü suyun içinde moleküller birbirlerine havaya oranla çok daha yakındır.

Katı cisimler ise sesi havadan neredeyse on kat daha hızlı iletirler.. Bu yüzden, eski zamanların tren soyguncuları, trenin yaklaşıp yaklaşmadığını anlamak için kulaklarını raylara yapıştırırlardı.

Peki neden? Neden katı maddeler ses dalgalarını hem havadan hem de sudan daha hızlı iletiyorlar?

Bence bu problemi kendi aranızda halletseniz, beni de hiç karıştırmasanız çok iyi olur...

Sesler Denizi

SES DALGALARINI havasız ve boş ortamlarda yayılamayacak şekilde yaratan Allah, havayı da sesi yayabilecek şekilde yaratmıştır. Böylece biz, seslerimizi birbirimize duyurabiliriz...

Böylece, bir ilkbahar sabahı, minik serçeler ile, bülbüllerin şarkılarını duyar kulaklarımız...

Annemizin sesini, babamızın sesinden; kardeşimizin ağlamasını gülmesinden; rahatlıkla ayırabiliriz...

Hava, sesimizin tüm özelliklerini hiç değiştirmeden ağzımızdan çıktığı gibi bizi dinleyenlerin kulaklarına kadar götürür..

Arkamızdan sesleneni, hiç görmeden tanıyıveririz... Onun hüzünlü mü, neşeli mi, kızgın mı olduğunu bile anlayabiliriz..

Hava zerreleri, kendilerine verilen emirden zerre kadar sapmadan işlerini yaparlar...

Bir sesler denizi gibidir hava, milyonlarca milyonlarca farklı ses, hesapsız hava molekülünün sırtında taşınır ve ağızlardan çıkan kelimeler, kulaklara böyle ulaşır...

Kulaktan Kulağa Oyunu

HİÇ kulaktan kulağa oyunu oynadınız mı? Bizim çocukluğumuzda çok oynanan bir oyundu. Bilenler bilir, ben bilmeyenler için azıcık tarif edeyim.

En az on kişiyle oynanmalıdır ki tadı olsun. Bir araya gelinir, ip gibi sıralanır. Sonra en baştaki, hemen yanındakinin kulağına biraz uzunca, biraz da zorca bir cümle söyler:

"Damdan düştü bir kurbağa kuyruğunu titretti bunu gören jandarma, mezar taşına şöyle yazın dedi.."

İkinci sıradaki üçüncüye, üçüncü dördüncüye.. ta en sondakine kadar bu cümle, kulaktan kulağa fısır fısır aktarılır. En sondaki ise kendisine fısıldanan cümleyi açıktan söyler ve komedi de işte o anda başlar. Çünkü zavallı cümlecik o ağızdan bu kulağa, bu kulaktan o ağıza gire çıka, perperişan olur.

Arada mutlaka birileri yanlış anlar ve yanındakine yanlış aktarır. Sonunda bakarsınız cümle değişmiş bir tuhaf olmuş:

"Damdan bir jandarma düştü kurbağanın mezar taşına!"

Şimdi hava zerrelerini düşünün. Ses dalgalarını taşıma görevi ile yaratılmış hava moleküllerini...

Her bir hava molekülü arasında en az yüz moleküllük bir boşluk vardır. Ve her bir molekül, kendisine gelen sesi hiç değiştirmeden alır ve bir ötekine aktarır.

Bir odanın içinde konuşan iki kişinin sesleri birbirlerine milyarlarca milyarlarca milyarlarca molekül tarafından aktarıla aktarıla ulaşır. Sanki her birinin bir kulağı ve bir de ağzı vardır! Ve tüm konuşmaları, tüm sesleri, birbirine karıştırmadan, yanlış yapmadan aktarırlar.

Ne bir eksiklik olur, bu işlerde ne de bir yanlışlık...

Ses dalgalarını havasız ve boş ortamlarda yayılamayacak şekilde yaratan Allah, havayı da sesi yayabilecek şekilde yaratmıştır.

Her ikisi de, bizler için hayat boyu şükredilmesi gereken büyük bir nimet ve gerçek birer mucizedir...

Küçük bir not: Bu bölümün bir kısmını *Şu Acayip Gökyüzü* kitabındaki "Bütün Sesler Havadan" yazısından aynen aldığımı, Acayip Şeyler Dizisi'nin sıkı takipçileri hemen anlamış olmalılar. Evet öyle yaptım çünkü, o konuyu tam da burada bir kez daha hatırlamanın oldukça faydalı olacağını düşündüm... Sizce de öyle olmadı mı..?

E=mc²
E=mc²
E=mc²
E=mc²

$E=mc^2$

BENİM GİBİ çarpım tablosunu bile bir türlü ezberleyememiş olanlar dahil, azıcık mektep medrese görmüş herkes, şu yukarıda gördüğünüz denklemi ve o denklemi ortaya atan *Albert Einstein* adındaki bilim adamını bilir...

Ancak $E=mc^2$'nin ne anlama geldiğini sormayacaksınız! O zaman işler değişir...

– Pardon size bir soru sorabilir miyim?

– Ne sorcen, sor bakem!

– $E=mc^2$ ne anlama geliyor?

– Aynştayn'dı deel mi yavrum? Ayınştaynn!

– Evet, Einstein'in meşhur denklemi?

– E eşittir emcenin karesi!

– Yani?

– Atom bombesi!

– Nasıl?

– Atom bombesi böyle yapılıpduru. Onu söyleyo!

– Başka birşey söylemiyor mu? Bu kadar mı?

– Ne bilem ben başka ne söyleyo! Türkü söyleyo, şarkı söyleyo! Fukara sümkürüğü gibi yapışıpduruvedin sabah sabah! Maytap mı geçeyon sen benlen, ne geçeyon!

Adamla yapmışla bombeleri, şuncacık şuncacik bebelerin üzerine atmışla! Acık insan olsala atala mı? Sen de insanlık olmadıyktan sonra, sende Allah korkusu olmadıyktan sonra; atomu bölüştürüpduruvecen de ne olcek! Dünyanın başına bela olcek!

– Tamam bey amca kızma! Ben mi yaptım atom bombasını, bi şey sordum sadece!

– Omadı mı? De bakem, bela omadı mı?

– Oldu, oldu tabii!

– Allah belalarını veripduru inşallah!

$E= mc^2$ ve Einstein hakkında herkesin aşağı yukarı bildiği, bunların Atom Bombası ile bir ilgisi olduğudur...

Yanlış mı peki?

Hayır doğru! Atom bombasının korkunç hikâyesi gerçekten de böyle başlar...

Albert Einstein, maddelerin içinde olağanüstü bir enerjinin saklı olarak durduğunu farketti. Ancak bu enerjiyi ortaya çıkarmak öyle kolay bir iş değildi.

$E=mc^2$ formülü, işte bu olağanüstü enerjiyi kâğıt üzerinde hesaplamaya yarıyordu.

E, enerji demekti. **m** ise kütle yani madde c^2 ise ışık hızının karesi! Yani ışık hızının ışık hızıyla çarpımı... Eğer, ışığın saniyede 300 milyon metre yol kat ettiğini düşünürsek—bu çok büyük bir rakamdır. **m**, toz tanesi kadar bir şey bile olsa, denkleme göre ortaya akıl almaz boyutlarda E yani enerji çıkar demektir...

Kâğıt üzerinde her şey iyiydi ama bunun gerçekleştirilmesi yani bir toz tanesinden bu kadar enerjinin açığa çıkarılması o tarihlerde hiç de mümkün görünmüyordu.. (1920'li yıllar)

Bu şaşırtıcı denklemden bir süre sonra, Einstein, "Eğer bir atomu parçalayabilirsek, o parçalanan atom diğer atomları da parçalar ve böylece ortaya büyük bir enerji çıkabilir..." şeklinde bir iddia ortaya attı.

Einstein, bunun teorik olarak mümkün olduğuna inanıyordu ama gerçekleştirilebileceğine o sıralar pek ihtimal vermiyordu...

Fakat, cin şişeden çıkmıştı bir kere! Ve tekrar oraya girmeye hiç niyeti yoktu...

1939 yılında Niels Bohr, Amerika'daki bir konferansında Alman bilim adamı Otto Hahn ve Lise Meitner'in, Uranyum adındaki bir maddenin atomunu parçalamayı başardıklarını açıkladı! Uranyum parçalandığında Baryum adında bir başka maddeye dönüşüyor ve büyük miktarda bir enerji ortaya çıkıyordu...

Niels Bohr'un bu açıklamaları henüz havadaki moleküllerde titreşim halindeyken, bu şekilde bir bomba yapmanın mümkün olup olmadığı tartışılmaya başlanmıştı bile...

Ve Savaş Patladı

Tam bu sıralarda Alman orduları Polonya'yı işgal etti ve Avrupa'da II. Dünya Savaşı patladı.

Almanların Yahudilere yaptıkları yüzünden pek çok Yahudi fizik bilgini (Einstein da bunlardan biridir) Amerika'ya göç etmişti. Ve sağda solda Almanya'nın atom bombası yapmaya çok yaklaştığını söylüyorlardı...

Einstein ve birkaç meslektaşı, zamanın Amerikan Başkanı Franklin Roosevelt'i Almanlardan önce Atom Bombası yapmaları konusunda ikna etti... Başkan Franklin, atom bombası çalışmalarının başlaması için "kırmızı düğmeye" bastı.

Almanlar hiçbir zaman atom bombası yapamadılar. Führer'in aklı, bu pahalı ve zaman alıcı işe pek yatmamıştı çünkü...

Manhattan Projesi

1941 yılında New Meksico'da çok çok gizli bir askeri üste, MANHATTAN PROJESİ başlatıldı.

Einstein doğrudan projenin içinde değildi. Fakat pek çok meslektaşı gırtlaklarına kadar atom bombası işine girmişti; hem de seve seve!

Projenin başında Openheimer adında bir bilim adamı vardı. Hummalı bir çalışmanın ardından büyük gün geldi.

1945'in 15 Temmuzuydu. Güneşin doğmasına az bir vakit kalmıştı. Openheimer ve ekibi heyecandan yerlerinde duramıyorlardı. Birazdan, ilk atom bombasının denemesi yapılacaktı çünkü...

– Hadi bas düğmeye bas! Patlatalım gitsin!

– Kudurdunuz mu lan!? Bi durun be!

– Openheimer nerde?

– Fişlere bakmaya gitti! Bi fiş mi çıkmış ne..?

– Bas bas bas! Patlasın bas!

– Bu varya! Yemin ediyorum ruh hastası ha!

– Olum hangimiz sağlam ki!?

– Patlatalım, yakalım yıkalım ortalığı cehenneme çevirelim! Hırrrrrrrrrr!

– Hoşt!

– Niye bu ıssız çölde patlatıyoruz ki cillop gibi bombayı? Şöyle kalabalık bi şehrin tepesine atıverseydik de, herkeşler bombamızın gücünü görseydi daha iyi olmaz mıydı?

– Psikopat mısın nesin?

– Onun da sırası gelecek! Ha! Ha! Ha!

– Dr. Openheimeeeeer! Buyrun şu koltuğa alalım sizi. Buradan yaptığınız haltın nelere yol açacağını çok daha iyi görebilirsiniz...

– Manyaklara hele! Sanki kestane fişengi atacak utanmazlar!

– Sen ne dedin bakıyım? Bu kim yaa!

– Paspasçı çocuk o, dengin değil uğraşma!

– Olur mu oğlum, elinde paspas ağzında üfürük laf soktu bize ayak üstü...

– Şiişt! Alooo az önce ne dedin bakayım sen!

– Hiç! Bomba işi erkek adama ters de o yüzden! Savaşcaksan adam gibi savaşacan!

– Sen nerelisin?

– Yukarı Konnektıkıt.. Ama Dedelerim daha aşaadan. Oraların yerlisiyiz biz; Çirokiler derler bildin mi?

– Sana o zaman bi ok bi de yay verelim, kafana da bi karga tüyü takalım git savaş! Ulan soyunuz kurudu gitti hâlâ daha erkeklikten yiğitlikten dem vuruyosunuz be!

– Kuruduysa şerefimizle kurudu. Kimsenin bebesine bacısına tersomuz olmadı!

– Dr. Ophenheimer lütfen! Gelin patlatalım şu bombayı artık, bakın şafak sökmek üzere.. Oğlum sen de git, yemekhaneyi hazırla hadi hadi hadi! Kutlama var birazdan...

Oppenheimer, askerî bir uzmanla birlikte, marifetlerini yakından görmek için patlamanın gerçekleştiği yeri inceliyor. Nasıl da mutlu! Ne de olsa, bir anda onbinlerce insanı, çocukmuş, kadınmış, masummuş, hatta bebekmiş demeden yakıp kavurabilecek bir bomba üretti...

Oppenheimer ve ekibi bombayı patlattılar. Vakit şafaktan hemen önceydi. Ortalığı kızıl bir alev bürüdü... Parlak bir beyaz ışık karanlığı deldi geçti. Ardından çöl beyaz bir parıltının ışığı altında yandı, saatler 05:45'i gösteriyordu..

Oppenheimer, başarısından oldukça memnundu. İçinden eski bir Hint şiirininin dizeleri geçmekteydi

"Dünyaları yıkan ölümüm ben..."

Ortaya çıkan ışık, o tarihe kadar yeryüzünde parlayan en kahredici aydınlıktı. Patlamanın merkezindeki sıcaklık ise güneşin çekirdeğindeki sıcaklığın dört katıydı...

Bu korkunç patlamanın içinde kalan ne kadar canlı varsa hepsi öldü... Saniyenin onda biri kadar bir süre içinde yükselen ateş topu gökdelenleri gölgede bırakacak kadar yükseğe çıktı... Ateş topunun çapı yüzlerce metreyi sardı...

İzleyenlerin arasından bir sevinç çığlığı koptu. Herkes sevinçten havalara sıçrıyor ve tuttuklarını sarılıp öpüyordu...

Acaba diyorum, merak ediyorum. Evlerine gittiklerinde çocuklarına, eşlerine, annelerine babalarına, büyük babalarına.. neden bu kadar sevinçli olduklarını nasıl açıkladılar?

Ne söylediler onlara?

"Bir bomba yaptık yavrularım. Onunla şehirleri yangın yerine döndüreceğiz... Okulları, hastahaneleri, oyuncakçıları, parkları...

Çocukları, ihtiyar dedeleri.. daha ne olduğunu bile anlamadan küle çevireceğiz...

Bomba patladığında ortalık öyle ısınacak ki,

insanlar mum gibi eriyecek, geride kalanlar eriyenlerden daha iyi durumda olmayacak, öyle acılar çekecekler ki, 'Keşke biz de eriseydik' diye inleyecekler...

Sular zehirlenecek, onyıllarca tek bir çiçek bile açmayacak, ağaçlar yeşillenmeyecek, kuşlar ötmeyecek...

Öyle bir bomba yaptık ki anne! Bi görsen çok güzel bir bomba! Oğlunla gurur duyabilirsin...

Patladığında herkes yanacak, her şey yıkılacak... İnsanlar yanacak, cayır cayır yanacak hep insanlar... Kimse kurtulamayacak..."

Böyle mi dediler? Ne dediler, merak ediyorum gerçekten...

Moriwaki Yoko'nun Son Günü

MORIWAKI YOKO, 5 Ağustos 1945 tarihinde, günlüğüne: "Yarın okulda çevre temizliği var. Ben elimden gelenin en iyisini yapmaya çalışacağım..." diye yazdı.

Ertesi gün, Yoko, çok sevdiği Biyoloji öğretmeni Kimura Sensei ve öteki çocuklar, ellerinden gelenin en iyisini yaptılar...

Ancak 6 Ağustos 1945 sabahı, Güney Pasifikteki *Tinian Adası*'ndan havalanan *Enola Gay* adlı bombardıman uçağının kaptan pilotu *Albay Paul Tibbets* de, elinden gelenin en iyisini yaptı...

Atom bombasını, Hiroşima halkına en çok zarar verecek koordinatlara götürüp, en çok zarar verecek yükseklikte patlayacak şekilde, şehrin üzerine attı...

İşini bitirip, görevini başarıyla tamamlamanın huzuru(!) ile kalkış yaptığı üsse geri dönerken yaşadığı duyguları, uzun yıllar sonra şöyle dile getirecekti: "Ben duygusal değilim. O anda düşündüğüm bir şey olsaydı, size ne olduğunu söylerdim. İşimi başarıyla yaptığım için çok rahatlamıştım, siz bunu anlayamazsınız."

Zaten anlayamıyoruz da... Çünkü biz hamd olsun duygusal insanlarız... Bir takım duygularımız var, acımak gibi, şefkat gibi, adil olmak gibi.. İnsanız yani... O yüzden anlayamıyoruz. Bir insan nasıl bir anda 70 bin insanı küle çevirecek bir bombayı içinde çocukların, kadınların, yaşlıların, bebeklerin, evine ekmek getirmek için işe diye çıkmış adamların, gençlerin, annelerinin karnında doğmayı bekleyen ceninlerin yaşadığı bir şehrin üzerine atar da, hiçbir şey düşünmeden geldiği yere geri döner... Üstelik "işini" becermiş olmanı verdiği rahatlama ile...

İşte Paul Tibbets. Annesinin ismini verdiği uçağı Enola Gay'e binmiş, neşe içinde el sallayıp gidiyor... Nereye mi? Hiroşima'ya!

6 Ağustos sabahı saat 8'i çeyrek geçe, yerden 8 bin metre yükseklikte Enola Gay'ın bomba kapakları açıldı.

Amerikalılar, o korkunç espri anlayışlarının bir örneğini daha sergilemişler; bombaya *Little Boy* (Küçük çocuk) adını vermişlerdi.

Bomba patladığı saniyede 70 bin kişi anında buhar oldu. Japonya'nın en güzel şehirlerinden biri olan Hiroşima'nın neredeyse tamamı yerle bir oldu.

Yoko 6 Ağustos 1945 tarihinde elinden gelenin en iyisini yaptı, belki daha da yapacaktı ama vakti olmadı...

Bombanın patlama merkezi, Moriwaki Yoko'nun okulundan 1 km kadar uzağındaydı. Yoko ağır yaralandı aynı gün de öldü...

Üç gün sonra bir başka bombardıman uçağı bu sefer adı *Fat Man*, (Şişman Adam) olan bir başka bombayı Nagazaki kentinin semalarında patlattı... Nagazaki de, içindekilerle birlikte yandı bitti kül oldu...

Dünyanın gördüğü bu ilk ve şu ana kadar tek atom bombası saldırısı sonunda yüzbinlerce insan öldü...

Japonya, Amerikalılarla giriştikleri savaşı kayıtsız şartsız teslim olarak bitirdi. Ancak zaten neredeyse yenilmiş durumdaydılar. Üzerlerine atom bombası atmanın hiçbir gereği yoktu. Amerikalılar, adam gibi savaşmaya devam etselerdi, bu savaşı zaten kazanacaklardı...

Fakat Roosvelt'in ölümünden sonra onun yerine Amerikan Başkanlığı koltuğuna oturan Harry Truman hiç de öyle düşünmüyordu.

"Bu bomba işine çok para yatırdık, karşılığını görmeliyiz..." diyordu.

Gördüler karşılığını... Bombalar, Hiroşima ve Nagazaki'nin sokaklarından, ölü çocuk topladı onlar için...

Bugün Hiroşima'da bombanın patlama merkezinden birkaç yüz metre kadar uzaklıkta, buhar olup gitmiş bir insanın merdivenlere vurmuş siyah bir gölgesi durur... (üstteki resim)

O siyah gölge, atom bombası işine bulaşmış bir medeniyetin yüzüne vurulmuş kara bir lekedir... Ve hiçbir zaman da çıkmayacaktır!

"Acayip Şeyler Dizisi'nin yazarından Acayip bir Matematik hikâyesi ya da Matematiğin acayip hikâyesi veya birtakım acayip Matematik hikâyeleri ya da işte her neyse..."

ÇARP YOKSA BEN ÇARPARIM!

TARIK USLU

www.zafer.com

İSMAİL

HAL VE GİDİŞAT: ZAYIF

ÖZKAN ÖZE

Bu onun hikâyesidir;
ama hepimizi anlatır.
Hiçbir şeyin sıradan olmadığına dair
"sıradan" bir hikâyedir.
Büyüleyicidir,
çünkü gerçektir!

www.zafer.com

zafer YAYINLARI | İLKGENÇLİK YAYINLARI
www.zafer.com - zafer@zafer.com
twitter.com/zaferyayinlari - facebook.com/zaferyayinlari